湛庐 CHEERS

与最聪明的人共同进化

HERE COMES EVERYBODY

ATUL GAWANDE
克林顿政府最年轻的卫生医疗政策高级顾问

阿图出生在纽约布鲁克林区一个医生世家。作为印度新移民的后代，阿图成长在西方文化和教育环境下，先后就读于斯坦福大学、牛津大学和哈佛医学院。在牛津大学攻读著名的 PPE 专业（哲学、政治和经济学）的经历，对他在医学人文思想和社会支持方面的看法产生了巨大影响。他在哈佛医学院就读期间，恰逢克林顿竞选美国总统，他成为卫生保健部门中的一员。克林顿就职美国总统之后，他成为克林顿卫生与人类服务部的高级顾问，指导由 3 个委员会组成的 75 人医疗小组，那年他只有 27 岁。

ATUL GAWANDE
影响世界的医生

完成学业后，阿图成为了外科医生，但是他不只将自己的工作局限在手术台前。面对医疗行业中的一些顽疾，他亲自参与并主导了全球手术清单的研发和实施，呼吁医护人员使用最简单、却被证明很有效的清单来改变工作方式。这个项目大大降低了手术中因感染造成的死亡率。在全球 8 个城市（其中既有印度德里，也有加拿大多伦多）执行、推广了这份清单后，死亡率降低了 47%——比任何一种药物都管用。

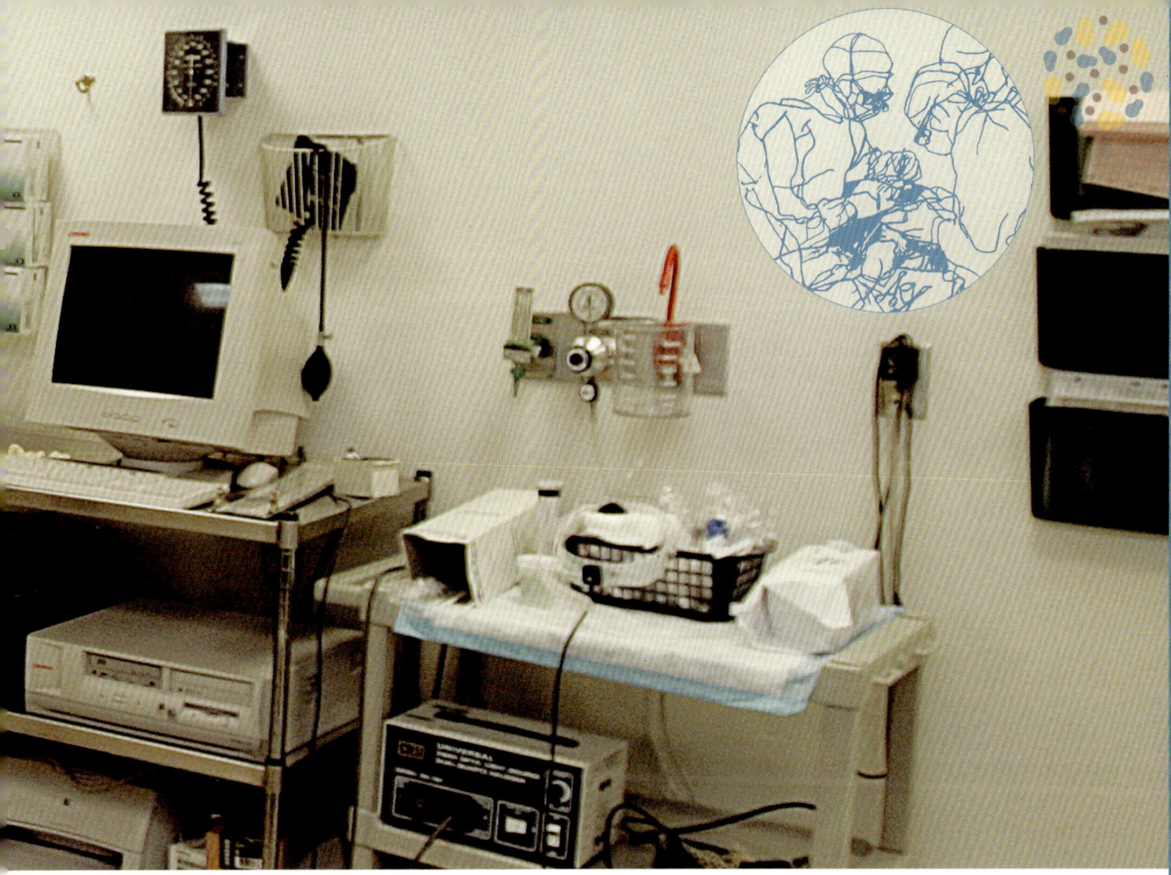

ATUL GAWANDE
奥巴马医改的关键之笔

阿图积极主动地普及医学知识，对医疗体制进行思考与变革，他创造性的工作让他在 2006 年获得美国麦克阿瑟天才奖，2009 年荣获哈斯丁斯中心大奖，2004 年被《新闻周刊》评为"20 位最具影响力的南亚人物"之一，2010 年入选《时代周刊》"100 位最具影响力人物"，是此份名单上唯一的医生。

阿图医生从 1998 年开始为《纽约客》撰写大量医疗观察类文章，见解极为深刻。2009 年 6 月，阿图在《纽约客》上发表了一篇文章《成本的难题》（The Cost Conundrum）探讨医疗费用问题。文中指出，美国的医疗服务及成本存在巨大的区域差距，而卫生保健支出居高不下的主要原因是医生通过过度医疗提高收入。这篇文章成了医改的催化剂。奥巴马推荐白宫官员必须阅读这篇文章，文中的一些观点已经成为国会立法者们经常引用的论据。

扫码直达
阿图 TED 大会演讲视频

ATUL GAWANDE
来自金融大鳄的支票

阿图在《纽约客》上的文章不仅触动了奥巴马，同时也得到了金融大鳄查理·芒格的赞赏。看完这篇文章后，他立即给阿图寄上了一张两万美元的支票。

巴菲特在知名财经频道 CNBC 的 *Squawk Box* 节目上回忆起这件事："……那绝对是一篇伟大的文章，我的搭档查理·芒格坐下来，立即写了一张两万美元的支票。他从来没有见过阿图，他们也从未有过任何信件往来，他只是将支票寄给了《纽约客》。他说：'这篇文章对社会非常有用，我要把这份礼物送给葛文德医生。'"而阿图确实也收到了这张支票，但他没有存入个人账户，而是捐给了其所在的布里格姆妇女医院的外科和公共卫生部。

ATUL GAWANDE
医生中最会写作的人

除了医术精湛、积极参与公共事务，阿图在写作方面的成就更是卓越，他的专栏文章在美国公众中反响巨大，同时也斩获了众多文学奖项。他先后获得 2003 年美国最佳短篇奖、2002 及 2009 年美国最佳科学短篇奖、2011 年美国最佳科学和自然写作奖等多个写作大奖。他出版过的 4 本书，其中 3 本都是《纽约时报》畅销书，入选亚马逊年度十大好书。《最好的告别》更是荣获 2014 年众多媒体大奖。

在美国，很多医学院里那些有志于当作家的医学生会被称为"阿图·葛文德"。

作者演讲洽谈，请联系
speech@cheerspublishing.com

更多相关资讯，请关注

湛庐文化微信订阅号

湛庐 CHEERS 特别制作

THE CHECKLIST MANIFESTO • HOW TO GET THINGS RIGHT

清单革命

经典版

［美］阿图·葛文德（Atul Gawande）◎著
王佳艺 ◎译

北京联合出版公司
Beijing United Publishing Co.,Ltd.

巴曙松　中国银行业协会首席经济学家
　　　　　香港交易所首席中国经济学家

中国传统文化中凝聚着许多从容的智慧，例如："花繁柳密处能拨开方见手段，风狂雨骤时可立定才是脚跟。"在生活节奏日益快捷、社会分工日趋多元的现代社会，如何才能做到这样的从容？本书提供了一个简洁易行的清单工具，让古老的东方从容智慧在现代社会中找到了一个载体。

| 各方赞誉 |

廖新波　广东省卫生和计划生育委员会巡视员

没有医生想把病人往死里治，也没有谁能保证一定治好，世界本来就没有完整的生命清单。医生与木匠的相同之处在于都有一份流程清单，不同之处在于前者不可重来，而后者可以再造。他们可以通过清单管理减少错误的发生，医学的清单是用生命书写的，也是用生命完善的！记住，生命不可 take two，革命你手上的清单吧！

王杉　北京大学人民医院原院长

一张小小的清单，就让一家医院原本经常发生的中心静脉置管感染比例从 11% 下降到了 0，避免了 43 起感染和 8 起死亡事故，为医院节省了 200 万美元的成本。同时，还让医院员工的工作满意度上升了 19%，手术室护士的离职率从 23% 下降到了 7%。本书不仅给了医院管理者一个强大的思维工具，更带来了一场深入人心的观念革命。

@急诊科女超人于莺 北京协和医院急诊科原主治医师

临床医学因为有了清单，就有了统一操作的标准，不会因为医生的个体化差异造成损害，在某种程度上，这是质量控制标准。但本书不只是一本医学书，人们在阅读后，是不是也该给自己列个清单？自查，自省，才能少走弯路，避免不必要的损失。

修金来 《中国医院院长》杂志副社长兼主编

做医学专业的学生时，听老师说，医院是人间悲剧的天堂。而工作以后才发现，这一评价虽然夸张，却是事实。要挽救患者的生命，仅有医术和责任心是不够的，还必须拥有应对复杂局面的有效方法。幸运的是，有效方法不一定复杂，它可以简单到只是一张工作清单！

薄三郎 麻醉医生，科学松鼠会成员

清单是让你把事情做正确的必要方式。乍看之下，清单并不算高科技，但绝非多此一举。清单的本质在于沟通，它的实施离不开划定角色，遵照流程。遵守清单，就是检视那些微小且漫不经心的小 bug——它们看似无关全局，却会给人致命一击。

秦朔 秦朔朋友圈 Chin@Moments 新媒体平台及中国商业文明研究中心发起人

生活在无边的信息、知识、技术的海洋中，你常常会有无知感、无力感、沮丧和挫败感。面对这种无限的外部复杂性，你需要培养一种庖丁解牛式的、化繁为简、第一次就把事情做对的思维和方法。《清单革命》是你的必读书！

董雷 中国东方航空公司机长，中国民航管理干部学院客座教授

我是用飞行员的眼光来阅读这本书的。掩卷之余，"飞行清单"已不仅仅是飞行程序的一部分。本书作者让我明白了清单的真正含义：如何让复杂的知识结构真正发挥作用，有效避免"无能之错"。读完本书，相信你也会有一个清晰的答案。

马尔科姆·格拉德威尔　畅销书《引爆点》作者

　　本书涉及的主题几乎与现代世界的所有方面都息息相关。我们该如何应对越来越复杂的工作？在书中，作者为清单赋予了伟大的责任。他认为，现代世界要求我们重新审视称为专业技术的东西：专家也会犯错，他们也需要帮助。但是否接纳清单，取决于他们是否承认这一事实。

斯蒂夫·列维特　畅销书《魔鬼经济学》作者

　　我一口气读完了这本高水准的著作。书中不仅充满了有趣的故事，而且还改变了我对世界的看法。这是很长一段时间以来，我读过的最佳作品。

《纽约时报》

　　很少有人能够像作者那样，把手术中突然出错的恐惧描写得这么活灵活现，因为他自己就曾碰到过这可怕的一幕；也很少有人能够像他那样，把专家正在为减少这种风险所做的努力描写得那么清晰。

《华盛顿邮报》

　　即便是抱着怀疑态度的读者，也会觉得本书列出的论据非常具有说服力……作者用生动的描绘和有力的证据，呼吁医生采用清单这一看似稀松平常的工具来提高工作成效。

《美国医学协会杂志》

　　本书文字优美，故事动人，论据和论点都很有说服力。在过去几年里，作者亲自参与了世界手术安全清单的研发和实施工作，并投入了大量精力。在书中，他与大家分享了这段不寻常的经历，并全力呼吁医护人员使用最简单、却被证明很有效的清单来改变工作方式。他的呼吁应该得到关注和回应。

《纽约时报书评》

　　航空业和建筑业的实例证明了清单的有效性……本书极具吸引力。

《商业周刊》

本书涉及的领域远不止医疗行业……读过本书后，你或许会想要尝试最为平常的工作：制作清单，而且可能会从中获益良多。

《出版人周刊》

本书生动地展现了这样一个有趣的想法：不起眼的清单也能让你做得更好。

《西雅图时报》

清单看似很傻，但非常有用，本书用大量事例证明了这一点。作者说理极为充分，如果有人看了书还不认可清单的作用，我们可要向他提出质疑了。

《卫报》

通俗易读，却意义深远。作者用生动的事例和大家讨论了一个严肃的话题。

《彭博新闻》

引人入胜。作者用有力的事实告诉我们：使用清单，大有裨益。

一场捍卫安全与正确的清单革命

马尔科姆·格拉德威尔

畅销书《引爆点》作者

| 推荐序 |

阿图·葛文德对现代医学面临的问题和挑战有着深入的思考。《清单革命》一书也正是从医学入手,讲述了诸多作者的从医经历。但我们很快就发现,本书的主题几乎与现代世界的所有方面都息息相关,即我们该如何应对越来越复杂的工作?如此震撼又发人深省的好书,我很久没有读到了。

葛文德认为,人类的错误主要分为两类:一类是"无知之错",一类是"无能之错"。"无知之错"是因为我们没有掌握正确知识而犯下的错误,"无能之错"是因为我们掌握了正确知识,但却没有正确使用而犯下的错误。在书中,葛文德为我们列举了许多与医学有关的案例,从中我们可以知道,手术的例行程序异常复杂,医护人员犯下这样或那样的错误是不可避免的。在压力重重的环境中,即便再优秀的医生也难免漏掉其中一个步骤、少问一个关键问题,以致在手术过程中出现失误。葛文德还拜访了飞

行员和建造摩天大楼的建筑人员,并从他们那里找到了应对复杂问题的方法:即便超级专家也需要一张清单,需要把一些关键步骤写在小卡片上以帮助其完成工作。在书中,葛文德还描述了他的研究团队采用这一理念,如何研发出手术安全清单。目前,该清单已在世界各地投入使用,并取得了非凡的成果。

虽然我的评论篇幅较短,但读者千万不要错误地认为这本书的视角带有局限性,得出的结论也稀松平常,事实并非如此。葛文德擅长写作,而且很会讲故事,在书中,**他为清单赋予了伟大的责任。葛文德认为,现代世界要求我们重新审视称为专业技术的东西:专家也会犯错,他们也需要帮助。但是否接纳清单,取决于他们是否承认这一事实。**

|目录|

各方赞誉　I

推荐序　V
一场捍卫安全与正确的清单革命
|马尔科姆·格拉德威尔| 畅销书《引爆点》作者

引言
"无知之错"与"无能之错"　001
可以原谅的与不被原谅的

　　为什么本该在90分钟内完成的心脏急救检查,成功率不到50%?为什么会有高达2/3的死刑判决发生了错判?我们到底能掌控多少?又有哪些事根本不在我们的可控范围内?

　　或许,我们犯错,是因为没有掌握相关的知识;或许,我们犯错,不是因为没有掌握相关的知识,而是没有正确使用这些知识。人类的错误分为两大类型,"无知之错",可以原谅;"无能之错",不被原谅。

第一部分
清单革命是一场观念变革

第1章
人人都会犯错 019

心灵的转变

我们的身体能够以 13 000 多种不同的方式出问题。在 ICU，每位病人平均 24 小时要接受 178 项护理操作，而每一项操作都有风险。

知识，早已让我们不堪重负。请承认，我们每个人都会犯错；请承认，无论我们进行多么细致的专业分工和培训，一些关键的步骤还是会被忽略，一些错误还是无法避免。

第2章
"关键点"比"大而全"更重要 039

系统要素的重塑

一张小小的清单，让约翰·霍普金斯医院原本经常发生的中心静脉置管感染比例从 11% 下降到 0；15 个月后，更避免了 43 起感染和 8 起死亡事故，为医院节省了 200 万美元的成本。

清单从来都不是大而全的操作手册，而是理性选择后的思维工具。抓取关键，不仅是基准绩效的保证，更是高绩效的保证。

第3章
团队犯错的概率比单个人要小 057

智慧的差别

美国每年发生的严重建筑事故只有 20 起，这意味着建筑行业每年的可避免严重事故发生率不到 0.002%。面对复杂的摩天建筑，他们是如何做到的？

团队的力量是巨大的。不再是单枪匹马，不再听命于唯我独尊的大师，而是依靠团队的智慧。一个人免不了会犯错，一群人犯错的可能性会变得小一些。

第二部分
清单革命的行事原则

第4章
权力下放　085

清单由谁来主宰

350万美元；2 498箱救援物资。为什么沃尔玛能抢先一天把水和食物送到灾民手中？生死时速面前，卡特里娜的"完美风暴"竟让政府救援汗颜。

每个人都在等待救世主，但中央集权的解决方法只会让人等得望眼欲穿。将决策权分散到外围，而不是聚集在中心，让每个人担负起自己的责任，这才是让清单奏效的关键所在。

第5章
简单至上　101

清单要素的选择机制

每年，全球至少有700万人在术后残疾，至少有100万人没有走下手术台。如果我们把不同阶段的清单合并成一张清单来执行，是不是可以减少残疾和死亡？

从来没有全面的高效，从来没有一张清单能涵盖所有情况，冗长而含糊不清的清单是无法高效并安全执行的。清单要素的遴选，必须坚守简单、可测、高效三大原则……

第6章
人为根本 131

清单的应急反应机制

为什么哈得孙河上的迫降奇迹可以挽救155个人的生命？在危急时刻，你能够反应的时间只有60秒。

清单的力量是有限的。在最危急的情况下，解决问题的主角毕竟是人而不是清单，是人的主观能动性在建立防范错误的科学。

第7章
持续改善 157

保持清单的自我进化能力

8家试点医院，医疗水平参差不齐，但持续改善的清单让近4 000名病人术后严重并发症的发病率下降了36个百分点，术后死亡率下降了47个百分点。

就算是最简单的清单也需要不断改进。简洁和有效永远是矛盾的联合体，只有持续改善，才能让清单始终确保安全、正确和稳定。

第三部分
让清单成为一种习惯

第8章
清单，让世界更简单 185

一张清单，竟然让投资家旗下的投资组合市值增长了160%；一张清单，得到全世界2 000多家医院的积极推广且成效显著。

每个人都会犯错；别再让相同的错误一再发生，别再让我们为那些错误付出沉痛的代价。清单不是写在纸上的，而是印在心上的。我们别无选择，清单，正在一步步变革我们的生活，变革这个复杂的世界……

译者后记 226

THE CHECKLIST MANIFESTO
How to Get Things Right

引言

"无知之错"与"无能之错"
可以原谅的与不被原谅的

- 为什么本该在90分钟内完成的心脏急救检查，成功率不到50%？为什么会有高达2/3的死刑判决发生了错判？我们到底能掌控多少？又有哪些事根本不在我们的可控范围内？

- 或许，我们犯错，是因为没有掌握相关的知识；或许，我们犯错，不是因为没有掌握相关的知识，而是没有正确使用这些知识。人类的错误分为两大类型，"无知之错"，可以原谅；"无能之错"，不被原谅。

为什么会有一件事谁都没有做

我的大学同学约翰是旧金山的一名普外科医生,只要有机会凑在一起,我们就会交流一些彼此在行医过程中碰到的惊险故事,外科医生都很善于此道。一天,约翰就给我讲述了一个这样的故事。

在万圣节的晚上,他的医院接收了一个被刺伤的病人,这名男子因在化装舞会上和别人发生争执而受伤。

起初,病人情况稳定,呼吸正常,也没有表现出疼痛难忍的样子。他只是喝多了,嘴里嘟嘟囔囔地不知道在说些什么。创伤组医护人员迅速用剪刀将他的衣服剪开,然后对他的身体进行仔细检查。这名男子略显肥胖,大概有90公斤重,赘肉主要集中在肚子上,而伤口也在这个部位。伤口长5厘米,就像张开的鱼嘴,连腹腔大网膜也翻了出来。约翰他们只需把这名男子推进手术室,进行仔细检查,以确保他的内脏没有受到损伤,然后将那个小伤口缝合就行了。

"没什么大事。"约翰说。

> 如果病人伤势很严重，你看到的场面会截然不同：创伤组会冲进手术室，病人的担架床会被飞快地推进去，护士们则会迅速准备好各种手术器械，而麻醉医生也不得不匆匆就位，他们没有时间仔细查阅病人的病例。但是，当时的情况并不严重。创伤组觉得有充足的时间，不用火急火燎。所以，他们让病人躺在创伤诊疗室的担架床上，等待手术室准备就绪。

但情况突然急转直下，一个护士发现那个病人不说话了。他心跳过速，眼睛上翻，而且在护士推他的时候一点反应也没有。这位护士立刻发出了急救警报，创伤组成员蜂拥而至。那时候，病人的血压都快没了。医生和护士立刻为他输氧，并迅速为其补液，但病人的血压还是没有上升。

于是，我刚刚提到的那个假想场景不幸变成了现实：创伤组冲进了手术室，病人的担架床被飞快地推了进去，护士们迅速准备好各种手术器械，麻醉医生不等仔细查阅病人的病例就匆匆就位，一名住院医生将一整瓶消毒液倒在病人的肚子上。约翰抄起一把大个儿的手术刀，干净利落地在病人的肚子上划出了一条上至肋骨、下至耻骨的长口子。

"电刀。"

约翰将电刀头沿着切口的皮下脂肪向下移动，将脂肪分开，然后再将腹肌的筋膜鞘分开。就在他打开病人腹腔的一刹那，大量鲜血从腹腔内喷涌而出。

"糟了！"

到处都是血。这可不是一般的刺伤，那把刀子扎进去足足有30

多厘米深，一直扎进了脊柱左侧的主动脉，就是那根将血液从心脏送出的大动脉。

"谁会做出这么疯狂的事情来？"约翰说。另一个外科医生马上用拳头压在血管破裂处的上方，可怕的大出血终于得到了一定的控制，危急的局势渐渐稳定下来。约翰的同事说，自从越南战争结束后，他就再也没有见过这么严重的创伤。

结果还真是被这个医生给说中了。约翰后来才知道，在那天的化装舞会上，行凶者扮成了一名士兵，他的枪还装上了刺刀。

这位病人在死亡线上挣扎了几天，最终还是挺了过来。直到现在，约翰只要一提起这件事还是会懊悔地连连摇头。

创伤的原因有很多。当病人被送到急诊室的时候，医护人员几乎做了他们应该做的一切：他们对病人从头到脚进行检查，仔细跟踪测量病人的血压、心率和呼吸频率，检查病人的意识是否清醒，为病人输液，打电话让血库准备好血袋，而且还给病人插上了导尿管以确保其尿液排尽。**该做的他们几乎都做了，但就是有一件事情谁都没有做**，那就是询问送病人过来的急救人员，到底是什么器械造成了创伤。

"你绝不会想到有人会在旧金山被刺刀扎伤。"约翰只好这么解释。

他们差点害死了这个病人

约翰还给我讲述了另一个惊心动魄的故事。一位病人因为胃癌而需要进行肿瘤切除手术。在手术过程中，病人的心跳突然停止了。

约翰看了看心脏监视器,然后对麻醉医生说:"你看,病人的心跳是不是停止了?"监视器屏幕上的心跳波形变成了一条平平的直线,就像仪器的电极根本没有接到病人的身体上一样。

麻醉医生说:"肯定是电极脱落了。"他一点都没有觉得病人的心跳真的会停止,因为这个40多岁的病人非常健康,医生只是在不经意间才发现了他胃部的肿瘤。

> 病人在看其他病的时候,可能是在看咳嗽的时候提到自己有一点烧心的症状,实际上那种感觉连烧心都算不上。他只是觉得在吃东西的时候,有时候食物会卡在食道里,这让他感觉有点烧心。医生随即让他做了一次钡餐造影检查。他站在X光机前面,将乳白色的钡剂喝下。医生在屏幕上看到,在病人胃部的顶端有一团老鼠般大小的组织时不时地压迫胃的入口,就像一个瓶塞时开时闭一样。由于发现得早,癌细胞并没有扩散。要想根治此病只有靠手术,医生需要将病人的整个胃部切除,手术大约需要进行4个小时。

一开始,手术进行得很顺利,病人的胃部成功切除,什么问题都没有。但就在医生准备重建病人消化道的时候,心脏监视器上的波形变成了直线。过了5秒钟手术团队才意识到,监视器的电极并没有脱落,因为麻醉医生根本无法摸到病人的脉搏,他的心脏真的停止跳动了。

约翰把盖在病人身上的手术单扯掉,马上对其进行胸外心脏按压,病人的肠子随着约翰的动作一起一伏。一位护士立刻发出了蓝色警报。

说到这里，约翰停了下来，他问我："如果你是我的话会怎么处理？"

我使劲儿思考可能会出现的问题。在实施大手术的过程中，病人的心脏停止了跳动，这很可能是由于大出血造成的。所以，我会加大输液量，并寻找出血点。

麻醉医生也是这么说的。但病人的腹腔完全敞开着，并没有任何大出血的迹象。

"麻醉医生得知这一情况后根本无法相信，"约翰说，"他一直不停地叫道，'一定有大出血！一定有大出血！'但真的没有。"

缺氧也会造成心跳停止。我告诉约翰，我会将输氧量开到最大，然后检查病人的气道，还会将病人的血样送到实验室进行化验，以排除其他异常情况。

约翰说，他们也想到了，但病人的气道没有任何问题。而血样的化验结果至少要等20分钟才能出来，那时候病人可能早就命归黄泉了。

气胸会不会是造成病人心跳停止的原因呢？这种可能也被排除了。医生用听诊器进行了仔细检查，结果两侧肺部的气流运动情况良好。

那么，一定是肺栓塞引起的，我继续猜测原因，一定有血凝块随同血流进入了病人的心脏，并阻止了血液循环。

> 这种情况非常罕见，但动大手术的癌症患者的确会面临这样的风险。如果情况真是这样，那么我们没有太多办

法挽救病人的生命。医生可以给病人注射大剂量的肾上腺素，或实施电击除颤，但这些举措可能没有太大用处。

约翰说，他的团队得出了相同的结论。手术团队对病人进行胸外按压已经整整15分钟了，但显示器上依然是一条意味着死亡的直线。大伙儿都快绝望了。前来帮忙的医护人员中有一位高级麻醉医生，他在病人被麻醉的时候曾经来过手术室。他走后，一切似乎都很正常，没有出什么状况，但他觉得一定是有人出了纰漏。

他问当值的麻醉医生，在病人心跳停止前的15分钟里是否进行过什么与往常不同的操作。

当值麻醉医生说没有，但他马上又改了口。手术的第一次例行化验结果显示，病人除了血钾含量较低以外一切正常，于是麻醉医生为病人注射了一剂氯化钾进行修正。

> 我怎么就没想起来血钾水平呢？血钾水平异常是造成心脏停止跳动的典型原因之一，任何一本教科书里都会提到。我真不敢相信自己竟然忽视了这一点。血钾水平过低会造成心脏停止跳动，医生要为病人注射一定剂量的氯化钾以使其血钾水平恢复正常，但血钾水平过高同样会让心脏停止跳动。美国各州就是用这种方法来执行死刑的。

那位高级麻醉医生随即要求查看氯化钾溶液的包装袋。有人从垃圾桶里把包装袋翻了出来，当值麻醉医生果然使用了错误浓度的氯化钾溶液，其浓度是病人所需浓度的100倍。也就是说，他给病人注射了致命剂量的氯化钾。

如此折腾了大半天以后，医护人员不知道还能不能挽救病人的生命。他们已经耽搁了太长时间。但从那一刻起，他们所做的一切都是正确的。手术团队给病人注射了胰岛素和葡萄糖，以此来降低病人过高的血钾水平。由于这些举措需要15分钟才能奏效，病人等不了那么久，所以他们又给病人静脉滴注氯化钙，并给病人吸入一种叫作沙丁胺醇的药物。病人的血钾水平迅速下降，他的心脏再一次开始跳动了。

手术团队终于缓了一口气，但他们不知道自己是否还能完成这台手术。他们差点害死这个病人，而且对此还全然不知。不过，他们还是坚持把手术做完了。约翰走出手术室，将早先发生的一切告知了病患家属。他和病人都非常幸运，因为这个病人最终完全康复了，就好像这一切根本没有发生过一样。

人类错误的两大类型

作为外科医生，我们总是互相交流一些让彼此感到意外的经历，而有时候也会讲述一些让自己感到非常懊恼的故事，因为一些不幸的事情是完全可以避免的。我们和同行分享的既有在手术室里获得的巨大成功，也有在那里遭遇过的惨痛失败。每个外科医生都有失手的时候，这是我们工作的一部分。我们喜欢认为一切都在自己的掌控之中，但约翰的故事让我开始反思一个问题：**我们到底能掌控多少？有哪些事情根本不在我们的可控范围之内？**

哲学家萨米尔·格洛维兹（Samuel Gorovitz）和阿拉斯戴尔·麦金太尔（Alasdair MacIntyre）曾于20世纪70年代写过一篇关于人

类谬误本质的短文。在一次手术培训中,我读到了这篇文章,从那以后,文章中提到的问题就一直萦绕在我心头。两位哲学家想要回答的问题是:**我们为何会在实践过程中遭遇失败?**他们将导致我们犯错的一类原因称为"必然的谬误",也就是说,我们所做的事情完全超出了我们的能力范围。人类并非全知全能,即便是得到先进科技的支持,我们的能力也是有限的。**关于世界和宇宙,其中很大一部分是我们无法理解也无法掌控的。现在如此,将来也是如此。**

但是,的确有不少领域是人类多多少少可以控制的。我们能够建造摩天大楼,能够预测暴风雪,对于遭受心脏病发作或刺伤的人来说,我们能够挽救他们的生命。格洛维兹和麦金太尔指出,人类的错误可以分为两大类型。

第一类错误是"无知之错",我们犯错是因为没有掌握相关知识,科学只让我们部分理解了世界的运行规律。有些超高难度的摩天大楼我们还不知道该怎么建造,有些暴风雪我们还无法预测,有些心脏病发作我们还不知道该如何预防和救治。

第二类错误是"无能之错",我们犯错并非因为没有掌握相关知识,而是因为没有正确使用这些知识。所以,一些摩天大楼因为错误的设计或施工而倒塌了,一些突如其来的暴风雪原本是可以预测出来的,还有一些致命的刺伤被医护人员忽视了,因为他们忘记询问急救人员病人到底是被什么器械刺伤的。

如果把约翰讲述的故事看作 21 世纪初医学问题的一个缩影,我们会惊奇地发现,原来倾向于"无知之错"的天平现在越来越

清单宣言 THE CHECKLIST MANIFESTO HOW TO GET THINGS RIGHT

我们所做的事情完全超出了能力范围。人类并非全知全能,即便得到先进科技的支持,我们的能力也是有限的。

倾向于"无能之错"了。在人类历史的绝大部分时间里，我们的生活主要被"无知之错"所主宰，给人类带来巨大痛苦的疾病最能说明上述观点。就大多数疾病而言，我们以前并不知道病因是什么，也不知道该如何治疗。但仅仅就在过去的几十年时间里，科学为我们积累了大量知识，以至于我们现在不能只应对"无知之错"的挑战，还要投入大量精力来应对"无能之错"的挑战。

以心脏病为例。即便是在20世纪50年代，我们对于如何预防和治疗心脏病几乎还是一无所知。比如，我们并不知道高血压的危害。即便了解了这一点，我们也不知道该如何降低血压。直到60年代，第一种治疗高血压的安全药物才开发出来，并证明是有效的。但那时候，我们依然不知道胆固醇、遗传因素、吸烟以及糖尿病对心脏造成的危害。

不仅如此，在那个时候，如果有人不幸心脏病发作了，我们也不知道该怎么办。我们会给病人注射吗啡止疼，或许还会让他们吸氧。病人必须绝对静卧休养几周时间，医生甚至不允许他们起身上厕所，生怕这些动作会给他们受损的心脏造成更大压力。病患家属所能做的只有向上帝祈祷，希望病人能够挺过去。即便他们能够如愿，病人回家后也基本上做不了什么事情，只能悲惨地度过余生。

清单宣言 | THE CHECKLIST MANIFESTO
HOW TO GET THINGS RIGHT

> 人类的错误可以分为两大类型。第一类是"无知之错"，我们犯错是因为没有掌握相关知识。第二类是"无能之错"，我们犯错并非因为没有掌握相关知识，而是因为没有正确使用这些知识。

但在今天，我们至少有十几种办法，能够有效降低心脏病发作的概率。比如控制血压，让病人服用药物以降低胆固醇水平并消除炎症，限制血糖水平，鼓励人们经常锻炼，帮助人们戒烟等。如果

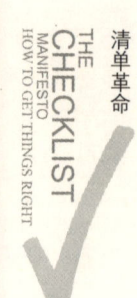

我们发现有人出现了心脏病早期症状,那么还会督促他接受进一步检查。而对于那些心脏病不幸发作的人来说,我们现在也有很多可供选择的治疗手段,这些手段不仅能够挽救病人的生命,还会限制心脏受损的程度。我们可以让病人服用药物以疏通其受阻的冠状动脉;我们还有能够撑开这些血管的支架;我们还能做开胸手术,利用搭桥技术绕过受阻血管。在某些情况下,病人所需要做的仅仅是卧床休息,吸氧,并服用药物。过不了几天,病人就能出院回家过正常生活了。

不被原谅的"无能之错"

> **清单宣言** THE CHECKLIST MANIFESTO HOW TO GET THINGS RIGHT
>
> 现在,我们面临的错误更多的是"无能之错",也就是如何持续、正确地运用我们所掌握的知识。

现在,我们面临的错误更多的是"无能之错",也就是如何持续地、正确地运用我们所掌握的知识。在众多选项中选择正确的心脏病治疗手段非常困难。即使对经验丰富的专家来说,也不是一件容易的事情。不仅如此,每种治疗方法都存在很多隐患,可能会引发众多并发症。

研究显示,如果心脏病人要接受心血管球囊扩张治疗,那么手术必须在病人到达医院后的90分钟内开始。不然,病人生存的概率就会大幅下降。对医院的操作实践来说,这意味着,对于每一位急诊就医说自己胸痛的病人,医生必须在90分钟内完成所有检查和化验,并做出正确的诊断,制订出相应的治疗方案,并将方案告知病人并获得许可，确认病人没有过敏或其他需要考虑的健康问题，然后通知手术团队，并让心导管手术室做好准备，最后将病人送入手术室开始手术。

那么在一家普通的医院里，所有这些步骤能够在 90 分钟内完成的概率是多少呢？2006 年，这一概率还不到 50%。这不是什么特例，此类失败在医院里司空见惯。**研究发现，至少有 30% 的中风病人、45% 的哮喘病人以及 60% 的肺炎病人没有得到妥善治疗。**即使你知道该怎么做，正确实施治疗的各个步骤还是非常困难的。

我花了不少时间想搞明白：现代医学面临的困境和压力都是由哪些原因造成的？结果发现，**主要的原因并不是金钱或政府，也不是法律诉讼或保险公司制造的麻烦，而是现代科学的复杂性以及我们在运用复杂知识时所面临的紧张和压力。**这类问题不只发生在美国，它们遍及世界各地。无论在欧洲还是在亚洲，无论在发达国家还是在发展中国家，你都能看到这类问题的踪影。而且让我感到惊讶的是，这类问题甚至不仅仅局限于医学领域。

在人类所有的实践领域中，知识及其复杂性与日俱增。同样，人们正确实施所掌握知识的难度也在与日俱增。比如，政府在国民遭受飓风等自然灾害时所采取的应对措施上经常犯错。而在过去 4 年间，针对律师失误的诉讼案件数量增长了 36%，有的律师搞错了开庭时间，有的把卷宗弄丢了，有的则用错了法律条款。当然，错误百出的还有各

清单宣言 THE CHECKLIST MANIFESTO HOW TO GET THINGS RIGHT

"无知之错"可以原谅，"无能之错"不被原谅。如果解决某类问题的最佳方法还没有找到，那么只要人们尽力了，无论结果如何，我们都能接受。但是，如果人们明明知道该怎么做，但却没有做到，那么这类错误很难让我们不暴跳如雷。

种软件、情报和银行交易。实际上，任何一个需要我们掌控复杂性和大量知识的领域都难逃厄运。

"无知之错"可以原谅，"无能之错"不被原谅。如果解决某类问题的最佳方法还没有找到，那么只要人们尽力了，无论结果如何，我们都能接受。但是，如果人们明明知道该怎么做，但却没有做到，那么这类错误很难让我们不暴跳如雷。我们怎么可以允许半数心脏病患者得不到及时治疗呢？我们怎么能够允许2/3的死刑判决发生错判？两位哲学家将此类错误冠以"无能"的恶名，不是没有道理的。被此类错误祸害的当事人会对我们使用更为激烈的词语，比如"渎职"，甚至是"丧尽天良"。

不过，对于从事这些工作的人来说，无论是医生、律师，还是政府官员，他们可能会觉得这种评价有失公允。因为他们觉得自己面临的问题非常复杂，每天需要处理的信息越来越多，要不断学习新知识并做出艰难的选择。即使这些从业人员已经付出了很大努力，但由复杂性造成的失败远比因为没有责任心而导致的失败多得多。所以，**在大多数技术含量很高的专业领域，对于失败的正确处理方法不是惩罚，而是鼓励从业人员积累更多经验和接受更多培训。**

> **清单宣言** THE CHECKLIST MANIFESTO HOW TO GET THINGS RIGHT
>
> 即使我们已经付出了很大努力，但由复杂性造成的失败远比因为没有责任心而导致的失败多得多。

经验是非常重要的，这一点毋庸置疑。如果要治疗遭受创伤的病人，外科医生只看教科书是不够的。即使你熟知有关贯通伤及其成因的所有知识，即使你了解各种诊断和治疗方法，即便你懂得快速行动的重要性，也不足以让你成功地治愈病人。一名优秀的外科医生还必须熟悉诊疗的真实环境，熟知实施各种步骤的次序和正确时机。不断练习、不断积累经验会让你熟能生巧，让你获得成功。如果导致失败的原因仅仅是缺乏某些技能，那么只需接受更多的培训和练习就能解决问题。

　　但这并不是约翰所碰到的问题的症结。他是我所知道的最为训练有素的外科医生之一，他在一线操刀已经有十多年了。这种情况很普遍。**无论是在医学，还是在其他领域，个人能力往往不是最难克服的障碍。**因为在大多数专业领域，训练的时间比以往任何时候都要长，培训的强度也是前所未有的。对专业人士来说，无论是医生、教授，还是律师或工程师，他们在单独执业之前都要高强度地学习基础知识，每周花在学习上的时间长达 60 小时甚至是 80 小时。我们会利用一切可能的机会来完善自己的技能，我们用来掌握和磨炼技能的方法已经非常高效了，我很难想出更加高效的方法。但我们还是会经常犯错，无论个人能力多么超强都不足以改变这种状况。

我们需要一场真正的变革

　　这就是我们在 21 世纪初面临的情形：我们已经积累了数量惊人的知识。掌握这些知识的是人类社会里最训练有素、技艺最高超、工作最努力的一群人。而且，他们的确已经运用这些知识获得了非凡的成就。但是，要恰当使用这些复杂的知识并不是一件容易的事。在各个领域，从医疗到金融，从商业到行政，可以避免的错误和失败比比皆是，它们让从业人员受挫，让他们士气低落。而造

> **清单宣言** THE CHECKLIST MANIFESTO
> HOW TO GET THINGS RIGHT
>
> 　　我们所掌握的知识的数量和复杂程度，已经超出了个人正确、安全和稳定地发挥其功效的能力范围。知识的确拯救了我们，但也让我们不堪重负。

成这一困境的原因越来越明显：我们所掌握的知识的数量和复杂程度，已经超出了个人正确、安全和稳定地发挥其功效的能力范围。知识的确拯救了我们，但也让我们不堪重负。

我们需要开展一场伟大的变革来防止错误与失败。这一变革立足于已有的经验，既能充分利用我们所掌握的知识，又能弥补人类不可避免的缺陷和不足。这一变革并非艰难之举，而且简单至极，特别是对那些花了多年时间来培养和磨炼高超技艺的专业人士来说，投身这一变革简直让人贻笑大方。

这个变革就是：清单革命！

如何用《清单革命》让复杂的工作变简单？

扫码下载"湛庐阅读"App，
搜索"清单革命"，看投资人、
猎豹移动公司 CEO 傅盛对清单的妙用。

016

第一部分
清单革命是一场观念变革

THE
CHECKLIST
MANIFESTO
HOW TO GET
THINGS RIGHT

THE CHECKLIST MANIFESTO
How to Get Things Right

第 1 章

人人都会犯错
心灵的转变

- 我们的身体能够以 13 000 多种不同的方式出问题。在 ICU，每位病人平均 24 小时要接受 178 项护理操作，而每一项操作都有风险。
- 知识，早已让我们不堪重负。请承认，我们每个人都会犯错；请承认，无论我们进行多么细致的专业分工和培训，一些关键的步骤还是会被忽略，一些错误还是无法避免。

为什么一个进了鬼门关的小女孩能被拉回人间

医学学术期刊《胸外科年鉴》（*Annals of Thoracic Surgery*）上曾刊登过一篇论文：作者用干涩的学术语言描述了一场发生在阿尔卑斯山一个奥地利小村庄里的噩梦。一对夫妻带着自己3岁大的女儿去屋后的林子里散步，结果一不留神孩子滑进了一个只结了一层薄冰的池塘。虽然他们纵身跳入池塘试图将女儿拉上来，但孩子很快就沉入了水底。直到半小时后，他们才把孩子救上岸。这对夫妻随即拨打了急救电话，急救人员立刻通过电话指导他们对孩子实施心肺复苏。

8分钟后，急救人员赶到了，但他们发现孩子已经没有生命迹象，她的血压和脉搏都测不到，呼吸也停止了。孩子的体温只有19摄氏度，瞳孔已经放大，对光刺激没有任何反应，这说明她的大脑已经停止了工作。

但急救人员并没有放弃，他们依然给女孩实施心肺复苏。一架直升机将孩子火速送往附近的医院。一路上，急救人员不停地按压女孩的胸腔，等直升机到达医院后，他们直接将女孩推进了手术室，

并把她抬到医院的轮床上。一个外科小组随即赶到,以最快的速度为孩子接上人工心肺机。

> 人工心肺机的个头和一张办公桌相当,外科医生必须将孩子右侧腹股沟的皮肤切开,将一根硅胶导管插入股动脉,让血液流入机器,并把另一根导管插入股静脉,再将氧合后的血液送回体内。一位体外循环灌注师打开人工心肺机的血泵,调整氧含量、温度和流量等参数。女孩的血液开始经体外循环,心肺机的管子也随之变成了鲜红色。直到一切就绪后,急救人员才停止按压女孩的胸腔。

把女孩送到医院的时间和为她接入人工心肺机的时间加起来总共是一个半小时。不过,在两小时关口就要到来之际,女孩的体温上升了6摄氏度,她的心脏重新开始跳动,这是她身上第一个恢复功能的内脏器官。

6个小时后,女孩的核心体温已经达到正常的37摄氏度。医生试图用机械式呼吸机替换下人工心肺机,但是池塘里的水和杂物对孩子的肺造成了严重损伤,输入的氧气无法经由肺部进入血液,所以医生只能为她接上一种名叫体外膜肺氧合机(extracor-poreal membrane oxygenation, ECMO)的人工肺。为此,医生必须用一把锯子打开女孩的胸腔,并且将便携式体外膜肺氧合机的导管直接插入女孩的主动脉和跳动的心脏中。

待体外膜肺氧合机启动后,医生将人工心肺机的导管移除,对血管进行了修复,并将腹股沟上的切口缝合。外科小组随后将女孩送到了重症监护室,她的胸腔依然打开着,上面覆盖着无菌塑料薄膜。在接下来的一整天时间里，重症监护团队一直用纤维支气管镜吸除女孩肺里的积水和杂物。一天后，她的肺恢复良好，可以直接使用机械式呼吸机了。于是，医生又把她送回手术室，将体外膜肺氧合机的导管拔掉，修复血管，并将胸腔闭合。

在接下来的两天时间里，女孩的肝、肾和肠等器官都恢复了功能，但脑还是没有反应。CT扫描显示，女孩的整个脑部都有肿胀的迹象，这是弥漫性损伤的特征，但脑部没有任何区域死亡。所以，医生决定采取进一步行动，在女孩的颅骨上钻一个小孔，放入一个探头以监控脑压，并通过控制脑液和使用药物等手段不停地对脑压进行调整。在随后的一周多时间里，女孩一直处于昏迷状态。但最终，她渐渐地苏醒了过来。

首先，她的瞳孔对光线有反应了。然后，她能够自主呼吸了。终于有一天，她张开了双眼，从昏迷中醒了过来。溺水两周后，这个女孩出院回家了。虽然她右腿和左臂部分瘫痪，说起话来还有些模糊，但只要经过大量的康复治疗，就可以在5岁前完全恢复。生理和神经检测都显示，她和其他女孩没什么两样，完全是一个健康的正常人。

这个故事之所以令人惊奇，并不只是因为医生能够把一个进了鬼门关两小时的小女孩拉回人间，更因为他们能够在混乱的医院里有条不紊地成功实施那么多复杂的治疗步骤。

> 人们常常会在电视里看到这样的场景：溺水者被救上岸后，急救人员用力按压其胸部，并对其实施人工呼吸。随着溺水者一阵咳嗽，肺部的积水被咳出，心跳恢复正常，神智也变得清晰了。但在现实中，急救可没有这么简单。

为了挽救这个小女孩的生命，数十位医护人员要正确实施数千个治疗步骤，比如在插入血泵导管的时候，不能把气泡注入病人的体内，要时刻保证各种导管、女孩敞开的胸腔以及她与外界接触的脑脊髓液不被细菌感染，他们还要启动一堆难伺候的设备，并让它们维持正常运转。上面提到的每一步都很困难，而要将这些步骤按照正确的顺序一个不落地做好更是难上加难。在整个过程中，医护人员没有太多自由发挥的余地。

实际上，很多因溺水而心脏停止跳动的孩子没有被挽救回来，不是因为他们的心跳停止太久了，而是因为其他各种原因，比如机器坏了，手术团队动作不够快，或者有人没洗手，导致患者发生了感染。虽然这些案例没有写进《胸外科年鉴》，但它们非常普遍，只不过人们没有意识到这一点罢了。

世界，从非常复杂到更加复杂

我觉得我们都被青霉素忽悠了。亚历山大·弗莱明（Alexander Fleming）1928年的这项重大发现，为我们展现了一个颇具诱惑力的前景：只要服用一粒小药丸，或者打一针，就能治愈很多疾病。毕竟，青霉素遏制了许许多多原本无法医治的传染病。那么，我们为什么不能用相似的简单方法治愈各种不同的癌症呢？或者用同样简单的方法来治疗烧伤、心血管疾病和中风呢？

> **清单宣言** THE CHECKLIST MANIFESTO HOW TO GET THINGS RIGHT
>
> 医学已经变成一门掌控极端复杂性的艺术，成了测试人类是否能够驾驭这种复杂性的一种考验。

现代医学并没有如我们所想。虽然在过去的100年间医学的发展突飞猛进，但是我们却发现，大多数疾病都有各自的特点，共同之处并没有我们想象的那么多，而且许多疾病仍然难以治愈。即使对于曾经用青霉素创造过无数奇迹的传染病医生来说，情况一样非常严峻：并非所有菌株都对抗生素敏感，而那些一度敏感的也会很快发展出耐药性。今天，我们需要使用非常个性化的治疗手段，有时候甚至需要动用多种手段来治疗感染。需要考虑的因素有很多，比如特定菌株的药敏性特征、病人的病情以及受影响的器官系统。如今的治疗过程离青霉素为我们展现的前景越来越远，变得越来越复杂。医学已经变成一门掌控极端复杂性的艺术，成了测试人类是否能够驾驭这种复杂性的一种考验。

> 在世界卫生组织发布的第九版国际疾病分类中，我们可以找到13 000多种不同的疾病、综合征和损伤。也就是说，我们的身体能够以13 000多种不同的方式出问题，而科学几乎给每一种疾病都提供了解决问题的方法。就算我们无法治愈疾病，但也能尽量减少疾病带来的损伤和痛苦。不过，每种疾病的治疗方法都是不同的，而且基本上都不简单。现在，医生们手边就有6 000多种药物和4 000多种治疗手段可供选择，每一种都有不同的要求、风险和注意事项，这让医生们很难不出错。

我们医院在波士顿的肯莫尔广场（Kenmore Square）有一家附属社区诊所。"诊所"这个名称可能会让人觉得这家医疗机构很小，但其实不然。这家诊所始建于1969年，现在被称为哈佛先锋（Harvard

Vanguard）。该诊所为各个年龄段的人们提供各类门诊服务。但就算只是提供门诊服务，也不是一件轻松的事情。

> 为了跟上医学飞速发展的步伐，这家诊所建立了20多个科室，雇用了600多名医生和其他1 000多名专业人士。他们涉及的专业多达59种，其中有很多在诊所建成的时候还没诞生。如果你乘电梯到五楼，从电梯口一路走到普外科，会依次经过多个科室，如普内科、内分泌科、遗传科、手外科、化验实验室、肾科、眼科、整形外科、放射科和泌尿科。这还只是一条走廊上的科室。

为了应对复杂性这个问题，不同专业的医务人员进行了分工。但尽管如此，我们的工作依然非常繁重。就拿我自己某一天的繁忙工作来说吧。

- ✓ 急诊室让我去查看一名25岁的女病人，她的右下侧腹部越来越痛，而且还伴有发烧、呕吐等症状。我怀疑她得了阑尾炎，但她是个孕妇，所以不能让她接受CT扫描，因为这么做可能会威胁到胎儿的安全。
- ✓ 随后，一位妇科肿瘤医生呼我，让我去手术室看一看。一位女病人的卵巢上长了一个肿块，医生在切除这个肿块的时候发现，这可能是胰腺癌转移形成的。他想让我检查一下病人的胰腺，看看是否要一并切除。
- ✓ 邻近医院的一位医生打电话给我，说要让一名重症监护病人转到我们医院。这个病人长了一个巨大的肿瘤，这个肿瘤已经阻塞了她的肾脏和肠子，并造成了大出血，情况非常严重，已经超出了他们可以掌控的范围。

✓ 后来，我们医院的内科又打电话让我过去看一位61岁的病人，他肺气肿非常严重，所以无法进行髋关节手术，因为医生怕他的肺容量不够大。但是他现在得了很严重的结肠感染，也就是急性憩室炎，医生用了3天抗生素都无济于事。所以，手术是他能活下去的唯一希望。

✓ 可能是觉得我的工作还不够乱，另一位同事让我去帮忙看一个52岁的患者，他有糖尿病、冠心病、高血压、慢性肾衰竭，而且还严重肥胖。他中风过，现在又得了绞窄性腹股沟疝。

✓ 还有一名内科医生让我一起给一位直肠瘘病人做诊断，她身体很健康，但可能因为这个病而不得不进行一次手术。

正如各位看到的那样，我要在一天的时间里处理那么多不同而且复杂的病例。上述6个病人所患的疾病完全不同，此外，我还要进行26次不同的诊断。也许会有人觉得其他医生可能没那么忙，但实际上，我的每个同事都要面临许多复杂而棘手的问题。

根据哈佛先锋诊所病历管理部门的统计数据，一年内，仅仅在门诊诊疗过程中，每个医生平均要诊断250种疾病，而这些病人还有其他900多种不同的健康问题需要医生仔细考虑。每个医生平均要开300种药物和100多种不同的化验单，还要进行40种不同的治疗，如接种疫苗、接骨等。

在所有医生中，普内科医生面临的问题最繁杂。他们每人平均每年要诊断371种疾病，要考虑其他1 010种健康问题，要开出

627种药，还要进行36种治疗。只要想一想他们需要掌握多少种不同门类的知识，就会令人头脑发胀。而这还只是门诊的工作量，医疗管理系统并没有记录医生为住院病人提供服务时需要完成的各种工作。

但就算是只考虑门诊，统计数据也并不完整。因为在使用系统的时候，医生常常会使用"其他"这个选项。如果病人很多，而你的进度已经落下两个小时，候诊的病人变得越来越不耐烦，这时候你往往不会在浩瀚的数据库中慢慢寻找相应的诊断代码，而是会选择"其他"这个万能选项草草了事。但话说回来，即便你有时间，也未必能够从系统中找到你想要记录的病症。

大多数美国医院使用的电子病历系统跟不上医学发展的速度，没有把新近发现的或刚刚和其他疾病区分开来的疾病包括在内。我曾经碰到过一个患有肾上腺神经节细胞瘤的病人，这是一种罕见的肾上腺疾病。我还碰到过李-佛美尼综合征（Li-Fraumeni syndrome）患者，这是一种可怕的遗传病，会让病人周身器官都发生癌变。但是，在医疗管理系统的下拉菜单里找不到上述两种疾病的名称，于是，我只能选择"其他"选项了。科学家几乎每周都会有新的遗传学发现，会找到新的癌症亚型，会制订新的诊断标准，还会发明新的治疗手段。医疗的复杂程度与日俱增，连计算机系统都跟不上了。

但是医疗的复杂性并不只是源于知识的飞速积累，实践问题也是重要的幕后推手。各位已经看到了，医务人员面临的问题多么难以应对，下面让我们再来看看重症监护室（ICU）。

178项操作，每一项都有风险

"重症监护"这个词听起来不太容易让人理解，这个领域的专业人员更喜欢用"重症护理"一词，不过大家可能还是会觉得不太清楚。但如果我们用"生命支持"这个非医学名称的话，一切就明明白白了。现如今，人们会遭受许多可怕的损伤，如挤压、灼伤、炸伤、主动脉破裂、结肠破裂、严重心脏病发作、重度感染等。但不可思议的是，即使遭受了如此严重的损伤，很多人还是能活下来。要知道，上面提到的任何一种状况，在过去都能轻而易举地夺走人们的生命。而现在，重症病人存活下来已经变得司空见惯，这在很大程度上要归功于重症监护，因为相关医疗技术让我们能够用人造的方法替代人体失效的功能。当然，这不是轻而易举就能办到的，我们需要使用大量科技。

> 如果病人的肺部出问题，我们需要机械式呼吸机，或许还需要气管切开；如果病人的心脏出了问题，我们需要主动脉内气囊泵；如果病人肾脏机能失效，我们则需要血液透析机；如果病人昏迷不醒，无法进食，我们可以通过手术将硅胶导管插入病人的胃部或小肠，这样我们就能将特殊配方的流质食物直接通过导管灌入病人的消化道；要是这位不幸的病人连肠胃都被破坏了，那么我们会将氨基酸、脂肪酸和葡萄糖直接注射进病人的血液里。

在美国，每天就有将近 9 万人住进重症监护室，每年就有 500 多万人需要接受重症监护。几乎每个人在一生中都有机会光顾这个没人想去的地方。现代医疗在很大程度上要依赖重症监护室里的生命支持系统，如早产儿、重伤患者、中风患者、心脏病患者，以及接受脑部、心脏、肺部或大血管手术的病人。在医院的各种治疗活动中，**重症监护占据的比重越来越大**。而在 50 年前，重症监护室基本上不存在。但如果你到现在的医院去看一看，**在每天接受诊治的 700 位病人中，差不多会有 155 位接受重症监护。每位病人平均会在重症监护室里待上 4 天时间，存活率大约是 86%**。所以，进入重症监护室，接入机械式呼吸机和各种电线、导管并不意味着被判了死刑。不过，待在那里的几天会是你人生中情形最为危急的几天。

15 年后，以色列的科学家发布了一项研究成果，这项研究对重症监护病人在 24 小时内接受的各项护理进行了调查。研究发现，**每位病人平均每天要接受 178 项护理操作，如服药和吸除肺部积液等，而且每项操作都有风险**。令人惊讶的是，医护人员操作的错误率只有 1%。即便如此，这也意味着每位病人平均每天要承受两次左右的**误操作**。只有我们不断降低操作的错误率，提高成功率，重症监护才能成功挽救更多病人，但这很难做到。

对于一个昏迷的病人来说，仅仅在床上躺上几天就可能会出问题。

> 他的肌肉会萎缩，骨质会变得疏松，身上会长出褥疮，血管则开始阻塞。医护人员必须帮助病人活动他那软弱无力的四肢以避免发生挛缩。此外，医护人员还必须给病人

皮下注射降低血黏稠度的药物，每过几小时就帮他们翻个身，在给他们擦身和换床单的时候还不能碰掉导管或电线。他们每天要给病人刷两次牙，以防止口腔内繁殖的细菌引发肺炎。如果病人还要使用呼吸机、血液透析机，或者有开放性伤口的话，重症监护的难度就更大了。

威胁无处不在

不妨让我讲述一个病人的故事，大家对重症监护的困难就会有直观的认识了。

这个病人名叫安东尼·德菲利波（Anthony DeFilippo），已经48岁了，是一位来自马萨诸塞州埃弗里特的豪华轿车司机。他因为患有疝气和胆结石而在一家社区医院接受手术。不幸的是，在手术期间，他出现了大出血的危急情况。虽然值班外科医生最终止住了大出血，但他的肝脏受到了严重损伤。在术后的几天里，他的病情不断恶化，社区医院已经没有能力对其进行医治了。于是，我同意他转院，并接手了他的治疗，希望能稳定住他的病情。某个周日凌晨的1:30，他被送到了我们的重症监护室。他那乱蓬蓬的黑发紧紧贴在被汗水打湿的额头上，他的身体在颤抖，心率高达每分钟114次。因为高烧、休克和供氧不足，他神志不清、语无伦次。

"我要出去！"他大声叫道，"我要出去！"安东尼不断用手撕扯他的衣服、氧气面罩和覆盖在腹部伤口上的敷料。

"安东尼，没事的，"一位护士对他说，"我们会帮助你的。你在医院里。"

安东尼是个大个子，他一把推开护士，翻身就要下床。我们立刻加大了输氧量，把他的手腕绑在床沿上，并试图和他讲道理。他最终精疲力竭，任由我们抽血和注射抗生素。

化验报告显示，他的肝功能衰竭，白细胞数量异常地高，这说明发生了感染。没过多久，我们发现他的肾功能也衰竭了，因为他的尿袋里一滴尿液也没有。在接下来的几个小时里，他的血压不断下降，呼吸变得越来越困难，而且也不再那么吵吵嚷嚷，因为他已经失去了意识。他的每一个器官，包括他的大脑都开始衰竭。

我给他的姐姐打电话，并将安东尼的病情告诉了她。她焦急地说："您一定要想办法救救他。"

我们的确尽了全力。我们给他注射了麻醉剂，一位住院医生将一根呼吸管插入了他的气管，另一位住院医生将各种设备连接上他的身体。她将一根5厘米长的细细针头插入安东尼右手腕的桡动脉，并且用丝线将与针头相连的导管缝在他的皮肤上。随后，她将一根30厘米长的中心静脉置管插入他左侧颈部的颈静脉。当导管缝好后，X射线显示，导管的顶端正好位于它应该在的位置，也就是心脏入口处的腔静脉中。随后，她将另一根稍粗一点的透析导管穿过安东尼的右胸上侧，插入他的锁骨下静脉。

我们将呼吸导管的另一头接上了呼吸机，并将呼吸频率调整到每分钟14次。我们不断调整呼吸机的压力和流速，就像工程师在操控面板前不断调整参数一样，直到安东尼血液中氧气和二氧化碳的含量达到我们预先设定的水平为止。

> 我们通过插入桡动脉的导管来监测他的动脉血压，并不断调整药物使其达到理想水平；还根据插入颈静脉的导管测量静脉压来调整静脉输液，将插入锁骨下静脉导管的另一头插入血液透析机。这个人工肾脏每隔几分钟就能把他全身的血液过滤一遍，并将透析后的血液送回病人身体。我们还可以通过各种细微的调整来控制他的血钾水平以及血液中碳酸氢盐和氯化钠的含量。安东尼就像我们手中可以操控的一台机器一样。

他当然不是一台简单的机器。我们面临的困难就好比仅仅依靠几个简单的仪表和操控装置，就要把一辆从山上飞奔而下的18轮汽车安全开到山脚下。光是维持安东尼的血压就需要几万毫升静脉注射液和一架子的药物。呼吸机的功能已经发挥到了极限。安东尼的体温已经上升到40摄氏度。**在与他病情相仿的重症病人中，只有不到5%的人能够走出重症监护室。只要我们稍有闪失，这一点点的生存概率也会荡然无存。**

在随后的10天里，情况渐渐好转起来。安东尼的主要问题是手术过程中造成的肝损伤。由于他肝内的胆总管被切开了，所以胆汁不断漏出来。而胆汁具有腐蚀性，它能消化食物中的脂肪，也能把人体内部各种脏器都消化掉。安东尼的身体太虚弱了，经不起修复手术的折腾。所以，一旦他的病情稳定下来，我们就请放射科医生帮忙采取临时性措施。他们在X射线的帮助下，让引流支架穿

过腹壁，并将其放入切开的胆总管，这样胆汁就能被引出来。由于病人体内漏出的胆汁太多，他们不得不放置了3个引流支架，一个在胆总管里，两个在胆总管周围。胆汁被排出后，安东尼的烧退了。他的输氧量和补液量都下降了，血压也恢复到了正常水平。他渐渐开始恢复。但到第11天，就在我们准备把机械式呼吸机撤掉的时候，安东尼的体温骤然升高，血压骤降，血氧水平也再次大幅下降。他的皮肤上都是汗水，身体却在不断地打冷战。

我们不知道到底发生了什么。虽然我们怀疑发生了感染，但X射线检查和CT扫描都找不出感染源在什么地方。即使我们给安东尼使用了4种抗生素，但他还是高烧不退，最终导致其心脏发生了纤维性震颤。蓝色警报启动了。一大群医护人员闻讯赶来，对其实施电击除颤。这一举措奏效了，他的心跳又恢复到了正常的频率。又过了两天时间，我们才找出问题的原因。我们怀疑接入安东尼体内的某根导管被感染了，所以为他换上了新导管，并将撤下的导管送到实验室进行培养。48小时后，结果出来了，所有导管都发生了感染。很可能是一根导管在接入时被污染了，随后感染通过安东尼的血液蔓延到其他导管。就这样，所有导管都成了毒源，不断地将大量细菌引入安东尼体内，使他高烧不退，病情恶化。

这就是重症监护室里的现实，**我们能拯救病人的生命，也同样能威胁他们的生命。** 中心静脉置管感染非常普遍，我们也将其视为一种常见的并发症。

在全美各家医院的重症监护室里，医护人员每年要为病人插入500万根静脉置管。美国全国性的统计数据显示，静脉置管插入10天后，就会有4%发生感染。在美国，每年有8万人发生此类感染，死亡率达 5%~28%。感染威胁性的大小取决于病人病情的严重程度，那些挺过去的病人平均要在重症监护室里多待一周时间。但这里的威胁还远不止这些。**在美国，插入导尿管 10 天的重症监护病人有 4% 会发生膀胱感染，而接入呼吸机 10 天的病人有 6% 会发生细菌性肺炎，死亡率高达** 40%~45%。总而言之，有将近一半的重症监护病人会发生严重并发症。此类情况一旦发生，他们的存活率将大幅降低。

> 又过了一周时间，安东尼才从感染中恢复过来，我们这才把呼吸机撤掉。但他还要耐心等上两个月才能出院。安东尼的身体在出院后依然非常虚弱，这让他失去了工作和家庭，他也不得不搬到姐姐那里生活。我们为他插入的胆汁引流管依然在他的腹部上挂着。当安东尼恢复元气后，我们会对他实施手术，帮他重建胆总管。但不管怎样，他顽强地活了下来，而大多数病情和他一样严重的病人最终都没能挺过来。

超级专家也会犯错

这就是现代医疗面临的主要困惑：**为了挽救垂死的病人，我们要掌握正确的知识，并确保每天对病人实施的 178 项治疗措施都不出错**。请注意，在治疗过程中你会受到各种各样的干扰，比如一些监视器的警报会莫名其妙地响起，临床的病人可能会吵吵闹闹，还会有护士把头探过来问你是否可以帮把手，把病人的胸部打开。这

些都会让原本已经非常复杂的任务变得更加复杂，即便是进行分工都未必能应付得过来。那么，我们到底该怎么办呢？

现代医疗对于上述问题的解决之道是分工再分工，让每个人的专业领域变得越来越窄。在我讲述安东尼的故事的时候，你可能会觉得好像是我在无时无刻地照料他，是我在进行各类繁杂的操作。不，这些其实是由重症监护医师做的。作为一名普外科医生，我希望自己能够应付大多数临床状况。但是重症监护的繁杂和细致让我不得不把工作交给专科护理专家。在过去的10年里，欧美的大多数主要城市都开设了有关特殊护理的培训课程。在如今的美国医院里，有一半重症监护室要依靠这些专科护理专家。

> 专业分工是现代医学的金科玉律。在20世纪初，只需要在高中毕业后读一年医学专业就可以行医了。而到了20世纪末，只要你想当医生，无论是在儿科、外科，还是在神经科单独执业，都必须完成4年的医学本科学习，然后还要接受3~7年的住院医生培训。不过，这些准备似乎已经不足以应对日益复杂的医疗了。现如今，大多数年轻医生在结束住院医生培训后还要接受1~3年的专业进修培训，如有关腹腔镜手术、小儿代谢疾病诊治、乳腺癌放射学或重症监护等的培训。今天的年轻医生往往已经不再年轻。一般来说，他们要到34~35岁才能开始独立执业。

我们生活在一个由超级专家主导的时代。医生们在各自的狭小领域内不断磨炼自己的技艺，直到自己在这个领域比其他人干得更好。与一般专家相比，**超级专家有两大优势：他们知道更多重要的**

细节，而且还学会了如何掌控特定工作的复杂性。但无论是在医疗行业，还是在其他领域中，一些工作的复杂性远远超出了个人可以掌控的范围，即便是最能干的超级专家也难免会犯错。

可能没有哪个领域的分工细化程度能够比得上外科手术了。我们可以把手术室看作操作极为频繁的重症监护室。在手术过程中，麻醉医生只负责消除病人的疼痛和稳定他们的体征。但麻醉医生还要进一步分为小儿麻醉医生、心脏麻醉医生、产科麻醉医生、神经手术麻醉医生等。相似的，"手术室护士"这一称谓已经名存实亡了，因为他们的专业也要进一步细分。

> **清单宣言** THE CHECKLIST MANIFESTO HOW TO GET THINGS RIGHT
>
> 无论是在医疗行业，还是在其他领域中，一些工作的复杂性远远超出了个人可以掌控的范围，即便是最能干的超级专家也难免会犯错。

外科医生当然也要顺应潮流，其专业细分程度近乎到了荒唐的地步，我们经常开玩笑说，以后会有左耳外科专业和右耳外科专业。虽然我们是在开玩笑，但谁也保不准以后外科医生不会有左耳和右耳之分。

> 我是一名普外科医生，但是现在除了在非常偏远的农村地区，你根本找不到什么外科手术都能做的医生。于是，我决定将我的专业聚焦在肿瘤外科手术上，但这个目标还是太大。所以，虽然我已经尽全力掌握各种普外科手术技术，特别是与急救相关的技术，但我还是不得不把目标集中在内分泌腺肿瘤切除手术上。

近几十年，专业分工细化程度的不断提升为外科手术的飞速发展做出了巨大贡献。以前，即便是小手术的死亡率都高达两位数，

而且病人往往恢复得很慢，常常会留下残疾。但在今天，实施当日出院的手术已经是家常便饭了。

不过，如今的手术数量也在迅猛增长。一个美国人在一生中平均要接受7次手术，而美国的外科医生一年要做5 000万台手术。所以，手术伤害的绝对数量依然居高不下。在美国，每年有15万人没能走下手术台，而交通事故的死亡人数也只有这一数字的1/3。不仅如此，许多研究都显示，至少有一半致死病例和严重并发症都是可以避免的。我们并不无知，但无论我们进行多么细致的专业分工，无论接受数量多么巨大的培训，一些关键的步骤还是会被忽略，一些错误还是无法避免。

清单宣言 THE CHECKLIST MANIFESTO HOW TO GET THINGS RIGHT

> 我们并不无知，但无论我们进行多么细致的专业分工，无论接受数量多么巨大的培训，一些关键的步骤还是会被忽略，一些错误还是无法避免。

成功和失败并存的现代医疗向我们发出了严峻的挑战：如果专业分工都不足以解决问题，那该怎么办呢？如果超级专家都会失败，我们还有其他什么办法吗？渐渐地，我们看到了问题的答案，但它来自一个意想不到的领域，一个和医疗完全没有关系的领域。

THE CHECKLIST MANIFESTO
How to Get Things Right

第 2 章

"关键点"比"大而全"更重要
系统要素的重塑

● 一张小小的清单,让约翰·霍普金斯医院原本经常发生的中心静脉置管感染比例从 11% 下降到了 0;15 个月后,更避免了 43 起感染和 8 起死亡事故,为医院节省了 200 万美元的成本。

● 清单从来都不是大而全的操作手册,而是理性选择后的思维工具。抓取关键,不仅是基准绩效的保证,更是高绩效的保证。

坠落的"飞行堡垒"

1935年10月30日,在俄亥俄州代顿的莱特机场(Wright Air Field)举行了一场非同寻常的比赛。比赛的主办方是美国陆军航空队,也就是美国空军的前身,而参赛选手则是两大公司研制的下一代远程轰炸机。比赛的结果本不该有什么悬念,因为在第一阶段评估中,波音公司研制的299型铝合金机身轰炸机遥遥领先,把马丁与道格拉斯公司(Martin and Douglas)研制的飞机远远地甩在后面。波音机的载弹量是军方招标要求的5倍,而飞行速度几乎是早先轰炸机的两倍。一位看过299型轰炸机试飞的西雅图新闻记者将其称为"飞行堡垒",后来人们就一直这么称呼它。美国军事历史学家菲利普·梅林格(Phillip Meilinger)说这场比赛只是走走过场而已,军方至少准备向波音订购65架新型轰炸机。

一群高级军官和公司高管目送299型轰炸机滑向跑道。这架飞机的机身外表非常光滑,外形非常抢眼,它的翼展有31米,机翼下吊挂了4台发动机,而以前的轰炸机往往只配备两台发动机。只见试验机呼啸着冲向跑道的尽头,

略一抬头便腾空而起，以大仰角迅速爬升至近100米的高度。但突然之间，飞机就像一个醉汉一样倒向一侧，随即失速坠地，发生了巨大的爆炸。5人机组中有两人不幸遇难，其中就包括试飞员普洛耶尔·希尔少校（Major Ployer P. Hill）。

调查结果显示，这起事故并不是机械故障引起的，而是因为人为失误造成的。这架飞机比以往的飞机复杂许多，飞行员要照顾4台发动机，而且每台发动机的燃油混合比都有所不同。此外，飞行员还要操控起落架、襟翼、电动配平调整片（让飞机在不同速度下飞行时保持稳定的装置）和恒速液压变距螺旋桨等。由于忙于各种操作，希尔少校忘记了一项简单却很重要的工作。研发人员为飞机设计了一套全新的控制面锁定机制，但希尔在起飞前忘记对升降舵和方向舵实施解锁了。当地的报纸认为波音的新飞机"太过复杂，以致无法单人操控"。最后，军方不得不选择马丁与道格拉斯公司设计的较小的轰炸机。波音公司几乎因此而破产。

不过，军方购买了几架波音机作为测试机。一些专家依然坚信这一型号的飞机是可以操控的，所以，一群试飞员聚到一起出谋划策。

他们决定不做的事情和他们决定要做的事情一样有趣。他们并没有要求驾驶299型轰炸机的飞行员接受更长时间的培训，因为希尔少校的经验和技术已经是超一流的了，他是美国陆军航空兵的首席试飞员。这些专家想出了一个非常巧妙的办法，那就是编制一份飞行员检查清单。这张清单的诞生，从一个侧面说明了航空业取得了多么惊人的发展。虽然驾驶早期的飞机起飞也会让人感到紧张，但这毕竟不算难。在那个时候，使用清单开飞机就好比看着使用手册把汽车倒出车库一样荒唐可笑。但是，**新飞机的操控复杂程度大幅提升，任何一个飞行员，无论他的记忆力有多好，飞行技术有多么高超，都不能保证自己可以在飞行的各个阶段准确无误地完成所有操作。**

在编制清单的时候，试飞员尽量做到简明扼要，他们把起飞、巡航、着陆和滑行各阶段的重要步骤浓缩在一张索引卡片上。卡片上列出的事项飞行员都知道该怎么操作，他们会根据清单的提示检查刹车是否松开，飞行仪表是否准确设定，机舱门窗是否完全关闭，还有升降舵等控制面是否已经解锁。这些事情对飞行员来说真的都是一些简单得不能再简单的操作了，你可能会因此而质疑清单的有效性，但让我们看看清单的力量吧！

清单的力量 | THE CHECKLIST MANIFESTO
HOW TO GET THINGS RIGHT

> 自从这一看似愚蠢的飞行清单投入使用以来，299型轰炸机的无事故安全飞行里程达到了290万公里。最终，美军总共订购了13 000多架这个型号的飞机，并将其命名为B-17。由于飞行员驯服了这头巨兽，盟军在第二次世界大战中取得了决定性的空中优势，并利用其对纳粹德国实施了毁灭性的轰炸。

抓取"关键"要素与"必不可少"的基本要素

和当年的试飞员一样，现在很多领域的专家，如软件设计师、财务经理、消防员、警官、律师，还有医生等，也面临着越来越复

杂的工作，单凭记忆他们很难万无一失地完成自己的工作。也就是说，现在很多领域已经成了不能由单人操作的"飞行堡垒"。

但是，人们还是很难相信像清单这么简单的东西真的会有用。**人们承认自己在工作中会大意，会犯一些低级错误，甚至是毁灭性的低级错误。但是他们坚持认为自己的工作太复杂了，根本无法将其缩减到一张卡片上。**

> 比如，现在疾病的种类有很多，远远超过了飞机的种类。一项对宾夕法尼亚州41 000名创伤病人进行的调查研究显示：光是对这些创伤病人，医生就做出了1 224种不同的诊断。这些诊断的组合有32 261种之多，这就好比有32 261种不同类型的飞机要降落。为每种飞机在各种条件下的降落过程编写正确的程序是不可能做到的。所以，医生们对于一张小小的清单到底能起到多大的作用从心底里表示怀疑。

即便如此，医生们也并非完全不采纳与清单相似的做法。比如，每家医院都会跟踪记录病人的4项重要体征，分别是体温、心率、血压和呼吸频率。这些数据能够让医护人员对病人的健康状况有一个基本了解。我们很清楚，这4种数据少了哪一个都会出状况。比如，某位病人的3项指标都非常正常，看起来没有什么问题，你都认为他可以出院了，但第四项指标可能显示这名病人正在发烧，或者血压偏低，或者心跳过速，忽视任何一个信号都可能会危及病人的生命。

在20世纪初，水银体温计开始广泛使用，而俄罗斯医生尼科拉·科罗托科夫（Nicolai Korotkoff）发明了通过使用充气袖套和听诊器来测量血压的方法。从那时起，医生就掌握了测量重要体征所需的方法。虽然与单独使用某种测量方法相比，测量4项体征数据更有利于医生准确掌握病人的病情，但是医生并没有做到定期记录。

在复杂的环境中，专家们要应对两大困难。**第一种困难是人类记忆和注意力的谬误。在重压之下，人们特别容易忽视一些单调的例行事项。** 比如当一个病人呕吐不止，而他的家人不停地向你询问病情时，你很容易忘记为病人测量脉搏。对于被工程师称为"或全或无"的过程来说，记忆错误和注意力不集中是非常危险的。无论是去食品店买做蛋糕的原料，还是为飞机起飞做准备，或是在医院里诊断病人的病情，错过任何一条重要信息都会让你付出的努力彻底泡汤。

但是，**第二种困难一样不可小觑，那就是人们会麻痹大意，会故意跳过一些明明记得的步骤。** 毕竟，在很多复杂的过程中，某些步骤并不总是那么重要。飞机的升降舵一般来说总是处于解锁状态，在大多数情况下，对其进行检查纯粹是在浪费时间。但就及时跟踪病人的4项体征而言，或许这种做法只能在50个病人中发现一次险情。人们会一直说"以前从来就没出过这类问题"，直到真的发生了严重后果为止。

清单似乎能帮助我们防范此类错误。它们会提醒我们不要忘记一些必要的步骤，并让操作者明白该干什么。这不仅是一种检查方

> **清单宣言** THE CHECKLIST MANIFESTO HOW TO GET THINGS RIGHT
>
> 清单会提醒我们不要忘记一些必要的步骤，并让操作者明白该干什么。这不仅是一种检查方法，而且还是一种保障高水平绩效的纪律。

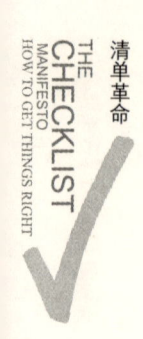

法，而且还是一种保障高水平绩效的纪律。这种方法对定期记录病人体征发挥了重要作用。当然，这并不是医生的功劳。

THE CHECKLIST MANIFESTO
How to Get Things Right
清单革命在行动·医疗业

直到20世纪60年代，对4项重要体征（体温、心率、血压和呼吸频率）进行例行记录才在西方医院里成为操作规范。而想出这个主意的是护士。他们自己编制了用来进行记录的表格，这无异于创造出一种清单。护士每天要为病人提供很多服务，如帮他们服药，为其伤口进行包扎换药，解决各种问题等。而体征记录表能确保他们每6小时，或在必要的时刻测量病人的心率、血压、体温和呼吸频率，并对其整体健康状况进行评估。

在大多数医院里，护士又增加了一个记录科目，那就是疼痛，病人要在一个10级量表上对自己的疼痛感打分。护士们还进行了其他几项革新，他们设计了给药时间表和简要护理计划表。虽然没有人将这些表格称为清单，但它们实际上就是清单。

虽然护士们非常欢迎这些革新，但是医生们对相似举措却并不热衷。他们认为：表格和清单是护士把弄的玩意儿，这些都是些无聊的东西，接受更多专业训练的医生们根本不需要这些东西。

让清单变成理性的选择

不过，在2001年，约翰·霍普金斯医院一位名叫彼得·普罗诺弗斯特（Peter Pronovost）的重症监护专家决定试验一种为医生准备的清单。他并没有把重症监护团队在一天中所要进行的所有操作都写进这张清单，而只是在数百种操作中挑选了一种进行试验，那就是防止中心静脉置管感染。正是这种感染差点夺去安东尼的生命。

> **THE CHECKLIST MANIFESTO**
> How to Get Things Right
> **清单革命在行动·医疗业**

普罗诺弗斯特把防止插入中心静脉置管引发感染的步骤写在一张纸上，这些步骤分别是：(1) 用消毒皂洗手消毒；(2) 用氯己定消毒液对病人的皮肤进行消毒；(3) 给病人的整个身体盖上无菌手术单；(4) 戴上医用帽、医用口罩、无菌手套并穿上手术服；(5) 待导管插入后在插入点贴上消毒纱布。

检查，检查，再检查。这些步骤并非什么难事，医学院这些年来一直就是这么教学生的。所以，给这些简单步骤编写清单听起来似乎没有必要，甚至还有点傻。不过，普罗诺弗斯特还是要求自己重症监护室里的护士对医生插入中心静脉置管的操作观察一个月时间，并记录他们实施上述步骤的情况。调查结果显示，1/3 以上的操作不够规范，医生至少跳过了一个步骤。

在随后的一个月里，普罗诺弗斯特和他的团队劝说约翰·霍普金斯医院的管理层，授权护士在发现医生跳过清单上所列步骤的时候叫停操作。此外，护士每天还要询问医生是否有留置管需要移除以减少导管接入时间，避免不必要的感染。这些举措具有革命性的意义。虽然护士总是有办法提醒医生做正确的事情，他们会委婉地提醒医生，如"医生，你是不是忘记戴口罩了"；有时也会采取强力手段，一个护士用身体挡在我面前，因为她觉得我在病人身上盖的无菌手术单不够多，但很多护士还是不清楚自己该不该和医生对峙，也不清楚一些问题是否值得说出来，比如导管是插入

病人胸部的，那么在他的腿上覆盖无菌手术单有必要吗？但是新规定说得很明确：如果医生不按照清单上列出的步骤操作，护士就能对其进行干预，这是管理层赋予护士的权利。

> **清单的力量** | THE CHECKLIST MANIFESTO
> HOW TO GET THINGS RIGHT
>
> 普罗诺弗斯特和他的同事在随后的一年中一直对清单进行跟踪。试验结果令人惊奇：插入中心静脉置管10天引发感染的比例从11%下降到了0。15个月后，在此期间，只发生了两起置管感染。统计显示，在约翰·霍普金斯医院，清单的实施共防止了43起感染和8起死亡事故，并为医院节省了200万美元的成本。

普罗诺弗斯特开始动员更多同事参加试验，他们还测试了其他几种清单。

> **清单的力量** | THE CHECKLIST MANIFESTO
> HOW TO GET THINGS RIGHT
>
> 有一种清单旨在督促护士至少每隔4小时观察一下病人的疼痛状况，并及时为他们提供止痛药物，这让病人长期忍受疼痛却得不到及时治疗的发生率从41%下降到3%。
>
> 一种为机械式呼吸机相关操作准备的清单，会提醒医生给病人服用抗胃酸药物，以防止其患上胃溃疡；它还会提醒医护人员确保病床床头至少向上抬高30度，以防止病人的口腔分泌物进入气管。结果，不当处置率从70%下降到4%，病人的肺炎发生率下降了1/4。与上一年同期相比，重症监护室的死亡人数减少了21个。

研究人员发现，仅仅是要求重症监护室医护人员为日常操作编写清单，就能显著提高他们的绩效水平，并能让病人在重症监护室里的停留时间减少一半。

普罗诺弗斯特发现，除了上述效果之外，医院里的清单也可以在其他领域发挥作用。**它们帮助我们记忆关键步骤，并且清晰地列出了操作过程中必不可少的基本步骤。**普罗诺弗斯特惊奇地发现，即便是一些经验丰富的医务工作者也会忘记某些预防措施的重要性。在引入呼吸机检查清单之前对重症监护室医护人员所做的一项调查显示，虽然大量科学证据显示，给接入呼吸机的病人服用抗胃酸药物是非常重要的，但还是有一半数量的医护人员并没有意识到这一点。普罗诺弗斯特发现，**清单为基准绩效建立了更高的标准。**

不过，这个法子看起来非常原始，非常不起眼。普罗诺弗斯特总是被同事们称为"聪明绝顶"、"灵感泉涌"的"天才"，他在约翰·霍普金斯大学的公共卫生学院获得了医学博士和哲学博士学位，他所接受的专业训练包括急诊治疗、麻醉学和重症监护。但清单并不是什么新发明，难道真的要接受那么多高等教育才能想到运用这个简单的方法吗？或许，还真的需要。

虽然普罗诺弗斯特的初步试验取得了巨大成效，但确实把这一举措当回事儿的人寥寥无几。他到美国各地进行推广，任何一个有助于该清单推广的人他都不会放过，其中包括医生、护士、保险商，还有医院管理层。他平均每个月要跑7个城市，但鲜有采纳这一做法的人。

人们拒绝使用清单的理由有很多。一些医生觉得这一建议冒犯了他们的尊严，其他人则对普罗诺弗斯特的试验结果提出了合理的

质疑。因为，他只说明清单在一家医院获得了成功，这家医院就是他所在的约翰·霍普金斯医院。要知道，这家医院的重症监护室有充足的资金和人员保障，而且普罗诺弗斯特一直在监督清单的正确实施。但在现实世界中，清单依然能取得这么好的效果吗？重症监护室的医护人员往往人手不足，他们时间紧迫，压力重重，已经有很多烦人的表格要填写了，而现在你又要让他们填写一张清单，这实在是件非常困难的事情。

但在 2003 年，密歇根医疗与医院协会（Michigan Health and Hospital Association）与普罗诺弗斯特取得了联系，他们希望能够在密歇根州各家医院的重症监护室里试验他发明的中心静脉置管检查清单。这是一项规模浩大的试验，普罗诺弗斯特终于找到了验证清单是否能够在更多医院奏效的机会。

密歇根州在全州范围内试验清单几年之后，我来到了底特律一家名叫西奈–格雷斯的医院（Sinai-Grace Hospital）。在那里，我切身体会到了普罗诺弗斯特所面临的严峻挑战。

> 这是一家典型的城镇医院，位于底特律西区八英里路（Eight Mile Road）的南侧。医院由一群红色砖房构成，周围有许多废弃的房屋、支票兑换店和假发店。当我访问那里的时候，这家医院有 800 名医生、700 名护士和其他 2 000 名医务工作者，而他们的服务对象是全美收入最低的人群。底特律有超过 25 万居民没有医疗保险，有 30 万人接受密歇根州的医疗援助。这意味着医院面临着长期的财务问题。不过，底特律资金最紧张的医院并不是西奈–格雷斯医院，而是底特律收容医院（Detroit Receiving

> Hospital)。在这家医院收治的病人中，有1/5以上的人无力支付医药费。在2000—2003年间，西奈-格雷斯医院和其他8家底特律医院被迫裁掉了1/3的员工，州政府费尽周折凑了5 000万美元才避免这些医院破产。

西奈-格雷斯医院有5个成人重症监护室和一个婴儿重症监护室。重症监护室主任哈桑·麦基（Hassan Makki）向我介绍了2004年普罗诺弗斯特和密歇根医疗与医院协会刚刚开始推广清单时医院的情况。他说："员工士气低落，很多护士离职了，即便留下来的护士也不确定自己以后会不会走。"很多医生也在考虑要不要跳槽。与此同时，大家的工作压力却有增无减，因为新的规定严格限制了住院医生连续工作的时间。而就在这样一个时刻，普罗诺弗斯特却给医护人员增加工作负担，要他们抽时间填写日常检查清单。

汤姆·皮斯克罗斯基（Tom Piskorowski）是一位重症监护室医生，他当时听到消息后的第一反应是："把文案工作忘掉吧，我们真正应该关心的是病人。"

我早上7点钟跟随医疗团队来到一个重症监护室，那里有11个病人。其中4人被枪械击伤：一人胸部中弹，一人的肠子、肾脏和肝脏被打穿，还有两人颈部中弹，因此四肢瘫痪；有5位病人脑出血：3位病人的年龄超过79岁，他们下楼的时候因不慎跌倒而引起脑出血，一位中年男子的颅骨和左侧颞叶被歹徒用钝器击伤，还有一位工人从8米高的梯子上摔下来，头部着地，自颈部以下全身瘫痪；一位癌症患者刚刚做完肺叶部分切除手术；还有一名病人刚刚做完颅内动脉瘤切除手术。

值班的医护人员希望能够挨个顺利地完成各项操作，但总有事情不停地打断他们：一位病情似乎已经稳定下来的病人又开始大出血；一位刚刚拔掉呼吸导管的病人呼吸困难，医护人员不得不为他重新接上呼吸机。此类紧急状况总是不断发生，很难想象他们还能抽出时间来考虑填写什么清单。

但我发现他们真的做到了。

> 在大多数情况下，负责这项工作的是护士。每天早上，一位手里拿着写字板的高级护士会查房，她会检查每个接入呼吸机的病人其病床床头抬起的角度是否正确，确认每个病人是否服用了正确的药物、接受了正确的检查。每当医生要为病人插入中心静脉置管的时候，护士会根据清单进行检查，在填写完清单后将其放入病人的记录档案内。我还查阅了医院的档案，结果发现在过去的3年多时间里，他们一直认真地实施这一举措。

普罗诺弗斯特是个精明的人。在清单推广初期，他并没有要求医院管理层立刻使用中心静脉置管清单，而是请他们收集医院中心静脉置管感染率的相关数据。他们发现，在2004年年初，密歇根州各个医院重症监护室的感染率高于美国平均水平，有些医院的感染率高得出奇。西奈-格雷斯医院的感染率高于美国75%的医院。与此同时，密歇根州的蓝十字蓝盾协会（Blue Cross Blue Shield）同意为每家参与普罗诺弗斯特推广计划的医院颁发一小笔奖金。突然之间，试验清单变成了理性的选择。

于是，"基石行动"（Keystone Initiative）开始了。每家参与行动的医院要委任一名项目经理专门负责清单的推广，这位负责人每两个月还要和普罗诺弗斯特碰一次头，共同商讨如何解决项目开展过程中碰到的问题。普罗诺弗斯特还坚持要求每家医院指派一名高层领导分管这项工作，并要求其每月至少下基层一次，倾听员工的意见和建议，协助项目经理解决问题。

医院高管有些不情愿。办公室和会议室是他们的主战场，他们关心的是医院的战略问题和财务问题，而不是冒险到病区和大家打交道，那不是他们想要去的地方。虽然一些医院的高层在下基层的时候碰了钉子，但事实说明，他们的参与对于项目的推广至关重要。

> 在行动开始的第一个月里，管理层发现能够有效减少导管感染的氯己定消毒皂配备不足，只有不到 1/3 的重症监护室配备了这种消毒皂。此类问题只有医院管理层才能解决。结果在数周时间里，密歇根州的每一个重症监护室都配备了氯己定消毒皂。医护人员还向管理层反映，虽然清单要求医生在为病人插入中心静脉置管时要给病人全身覆盖无菌手术单，但全尺寸的手术单不是非常易得，管理层随即增加了此型手术单的订购量。他们还说服中心静脉置管的最大生产商之一箭牌国际公司（Arrow International）设计生产全新的导管套件，这种新套件将无菌手术单和氯己定消毒皂也包括在内。

2006 年 12 月，《新英格兰医学杂志》（New England Journal of Medicine）刊登了一篇里程碑式的文章，发表了基石行动所获得的丰硕成果。

清单的力量 THE CHECKLIST MANIFESTO
HOW TO GET THINGS RIGHT

> "基石行动"开展3个月后，密歇根州重症监护室中心静脉置管的感染率下降了66个百分点。大多数重症监护室，其中包括西奈-格雷斯医院的重症监护室病房的季度感染率下降为零。密歇根州的平均感染率显著下降，在全美名列前茅。
>
> 项目实施18个月后，参与行动的医院总共节省了1.75亿美元，挽救了1 500多人的生命。

这项行动取得的辉煌成就已经延续了好几年，这都要归功于一张看似愚蠢的清单。

抓住关键，就抓住了一线生机

不过，人们很容易认为这一成功只是个例。预防中心静脉置管感染的举措可能非常特殊，毕竟这一清单并不能防止其他各种因插入导管而引发的并发症。如果针头插入过深会引发气胸，如果针头扎破血管又会引发出血。普罗诺弗斯特的清单只能预防感染。没错，在这个例子中，医生的确会忘记一些最基本的步骤，如洗手、戴无菌手套并穿上手术服等。对于此类失误，清单的确非常有效，但医生进行的其他各种操作是否还具有这种特点就很难说了。

我开始思考这个问题。

在得知普罗诺弗斯特取得的辉煌成就之后，我咨询了马库斯·塔尔曼（Markus Thalmann），他就是撰写那篇溺水女孩奇迹生还论文的心外科医生。让我感到好奇的是，这一系列复杂操作不是发生在一家先进的大型医学研究中心里，而是在一家普通的社区医院里。

> **THE CHECKLIST MANIFESTO**
> How to Get Things Right
> 清单革命在行动·医疗业

这家医院位于奥地利阿尔卑斯山区一个名叫克拉根福（Klagenfurt）的小镇，离女孩溺水的地点很近。我让塔尔曼告诉我如何才能确保正确地实施那么多复杂的操作。

塔尔曼说，那个女孩被送来的时候，他已经在这家医院工作6年了。这不是第一个被送来时就已经体温过低而且窒息的病人，他们医院每年都会接收3~5名这样的病人，大多数人几乎已经进了鬼门关，其中有一些不幸溺水，还有一些则服药自杀，结果晃晃悠悠倒在阿尔卑斯山的冰天雪地之中。在很长一段时间里，他们无论怎么努力都无法救活病人。大多数病人在被发现时心跳和呼吸已经停止很长时间了。尽管如此，塔尔曼还是觉得一些病人仍然有一线生机，但他和同事还是没能抓住。

他认真研究了所有病历，发现准备工作是最大的困难。要想挽救病人的生命，就必须在很短的时间里让许多医护人员就位，并且准备好一堆设备。医疗团队中必须有创伤外科医生、心脏麻醉医生、体外循环灌注师、手术和重症监护护士以及重症监护医师，但总是有人或设备不能及时就位。

他试图使用常规方法来解决问题，他对每个人大喊大叫，试图让他们加快行动速度，但还是没有病人能够生还。于是，他和一些同事决定尝试一些新方法。最终，他们编写出了一份清单。

在整个救援过程中，急救队和医院接线员的权力级别最低，但塔尔曼却把清单交给了他们，并为他们详细介绍各个环节。就拿挽救落水女孩的这个例子来说，急救队按照清单通知医院准备好人工心肺机和复温操作。

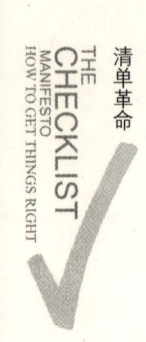

只要有可能，急救队会在到达医院之前发出通知，准备时间非常紧张，但准备是否充分对病人能否生还至关重要。随后，医院的接线员会列出需要通知的医护人员名单，并通知他们尽快做好各种准备。

清单投入使用后，塔尔曼及其同事第一次成功挽救了这类危重病人，她就是那个3岁的小女孩。此后不久，塔尔曼去了维也纳的一家医院供职，而他原来的同事又成功挽救了至少两个危重病人的生命。其中一个病人试图自杀，被发现时已经冻僵了。而另一个病人是一个16岁大的女孩，她的母亲不慎把车开下悬崖，坠入冰冷的河水之中。母亲当场身亡，而女孩来不及爬出车外就随着汽车沉入水底。当急救人员到达时，她的呼吸和心跳已经停止很久了。

但当女孩被救出后，一切救援步骤都有序进行。当急救人员开始为女孩进行心肺复苏时，医院已经得到了通知。几分钟后，女孩被送到医院。外科团队把她直接送到了手术室，并迅速为其接上了人工心肺机。就这样，一步接一步依次进行。由于抢救及时，女孩有了生还的希望。

当女孩的体温逐渐回升时，她的心脏恢复了跳动。在重症监护室里，呼吸机、补液和静脉药物注射帮助她渐渐恢复。第二天，医生就把各种导管拔掉了。再过一天，女孩就能坐起来，可以出院了。

THE CHECKLIST MANIFESTO
How to Get Things Right

第 3 章
团队犯错的概率比单个人要小
智慧的差别

- 美国每年发生的严重建筑事故只有 20 起,这意味着建筑行业每年的可避免严重事故发生率不到 0.002%。面对复杂的摩天建筑,他们是如何做到的?
- 团队的力量是巨大的。不再是单枪匹马,不再听命于唯我独尊的大师,而是依靠团队的智慧。一个人免不了会犯错,一群人犯错的可能性会变得小一些。

当简单的个人"强制函数"不再奏效时

自从清单诞生以来,已经为4代人所使用。它们的使用范围似乎比我们想象的要广得多,即便是经验丰富的人也能使用它们来避免失误。清单为我们提供了一种认知防护网,能够抓住每个人生来就有的认知缺陷,如记忆不完整或注意力不集中。正是由于清单的强大功能,它可能会给我们带来更多意料之外的惊喜。

但没有什么东西是万能的,清单也不例外。所以在使用它们之前,我们必须搞清楚在哪些情况下它们能够帮助我们,而在哪些情况下它们没有什么用处。

美国约克大学的布伦达·齐默曼(Brenda Zimmerman)和加拿大多伦多大学的肖洛姆·格鲁伯曼(Sholom Glouberman)是两位专门研究复杂性科学的教授。他们提出了一种理论,将世界上的问题分为三类:**简单问题、复杂问题和极端复杂的问题。**

简单问题是那些具有明确解决方法的问题。如用特定配料烘焙蛋糕。对于这类问题,可能需要学习一些基本技巧,但是一旦掌握了这些技能,成功的可能性就会非常大。

复杂问题类似于把火箭发射到月球上这类问题。虽然有时候你可以将其分解为一系列简单问题，但是却无法找到直接的解决方案。一般来说，这类问题需要掌握不同专业技能的人组成团队，通力合作才能成功解决。时机和协调成了成功的关键因素。

极端复杂的问题类似于抚养子女这类问题。一旦成功地将火箭发射到了月球上，那么在发射其他火箭的时候就能重复和完善这一过程。毕竟，火箭就是火箭，它们之间有很大的相似性。但抚养子女就不同了，因为每个孩子都是独一无二的。虽然成功抚养一个孩子能让你积累经验，但这并不意味着在抚养下一个孩子的时候也能成功。虽然专业技术是非常重要的，但它们却不是获得成功的充分条件。抚养不同孩子的方法可能截然不同。这体现出极端复杂问题的另一大特性：**结果的不确定性非常大**。虽然我们知道有可能成功抚养孩子，但是这一过程极其复杂。

虽然很多问题看似非常不同，但它们本质上非常相似。1935年，试飞员要想办法避免飞机坠毁；2003年，医护人员要想办法避免中心静脉置管感染；而在不久之前，医生挽救了一个3岁溺水女孩的生命。影响这些问题的因素虽然非常不同，但它们的核心都是一个简单的问题，那就是集中注意力。

> 对第一个问题来说，飞行员需要集中注意力给飞行控制面解锁；对第二个问题来说，医护人员需要集中注意力保持无菌状态；而对第三个问题来说，外科小组需要集中注意力准备为女孩接上人工心肺机。

清单宣言 THE CHECKLIST MANIFESTO HOW TO GET THINGS RIGHT

> 清单为我们提供了一种认知防护网，能够抓住每个人生来就有的认知缺陷，如记忆不完整或注意力不集中。

这些问题都是可以解决的，只要我们使用被工程师称做"强制函数"的方法，**即用相对简单而直接的方法来迫使必要行为的发生，如使用清单来塑造行为。**

从事不同工作的人都被大量简单问题所包围。医生可能会在为病人插入中心静脉置管时忘记戴口罩，而在病人出现心跳停止时忘记这可能是由血钾水平过高引起的。而律师在为逃税嫌疑犯辩护时可能会忘记重要的辩护策略，或者记不清递交各种法律文案的截止日期。当然，警察在工作中同样会犯低级错误，比如在让目击者指证罪犯时忘记告诉证人罪犯可能不在队列之中，或者让知道嫌疑犯是谁的人员出现在指认现场。而清单能够防止此类低级错误的出现。

但是，人们所做的大多数重要工作没有那么简单。要知道，插入中心静脉置管只是重症监护室医护人员每天所要进行的178项操作中的一种，他们的工作极端复杂。我们真的能够为每种工作都编制出清单，并在工作中按部就班地使用吗？这种想法是不是太不切实际了？**我们很难找到一个简单明了的方法来照料重症监护室的病人。我们需要不同专业的专家在不同的情况下通力合作，完成不同的任务，这么复杂的任务很难用简单的"强制函数"加以控制。**

而且人和火箭可不一样，两者的差异非常大。没有两个肺炎患者是完全相同的。即使他们被相同的细菌感染，即使他们都咳嗽、气短、缺氧，即使医生让他们服用了相同的抗生素，但两个人的恢复情况还是可能会相差甚远。**医生必须处置难以预料的突发事件，而清单很难在事前就准备好相关的处置程序，因为这些事件是不可预测的。**医疗过程包含了所有三大类问题，其中既有简单问题，也

有复杂问题和极端复杂问题。医生常常要随机应变，打破现有程序的条条框框，从病人的具体病情出发，为其着想。

对于上面提到的这些问题，我已经思考了很久。**要想当一个好医生，必须弄明白什么时候应该相信自己的判断，什么时候应该严格遵守既定规程，这个问题对于其他各种艰巨的工作也是非常重要的。**你当然要把简单的事情做好，不要犯低级错误，但也要为随机应变和主观判断留出足够的空间。清单对于简单问题的价值是不言而喻的，但是对于复杂的和极端复杂的问题，它们是否同样有效呢？

我碰巧找到了这个问题的答案。

抛弃大师和单枪匹马的系统

那是2007年1月的一个早上，天气十分晴朗，我开车去医院上班。停好车后，我沿着一条便道走向医院的大门。这时，我注意到旁边有一幢正在建造的大楼，那是我们的新医疗中心。大楼的外立面当时还没有建好，只能看到一个由大型钢梁撑起来的骨架。但是整个建筑已经有11层楼高了，占据了整个街区，就好像是在一夜之间冒出来似的。我驻足抬头仰望，只见在4层楼的钢梁上有一个建筑工人正在焊接一个焊点。这时，我忍不住心想：这个工人和他的工友怎么知道自己在建造大楼的时候没有犯错呢？他们怎么能确保大楼不会倒塌呢？

清单宣言 THE CHECKLIST MANIFESTO HOW TO GET THINGS RIGHT

要把简单的事情做好，不要犯低级错误，也要为随机应变和主观判断留出足够的空间。

这幢建筑不是很大。建好以后，它能为我们医院提供150个单人病房和16个超级先进的手术室。除此以外，这幢大楼真的没有什么特别之处。我可以和你打赌，在美国过去一年里新建的大楼中，至少有几十座比它规模更大。

即便如此，这也不是一项轻松的工程。后来，医院的不动产经理告诉我，这幢建筑的总面积达到3.3万平方米，地上11层，地下还有3层，总造价高达3.6亿美元，需要消耗3 885吨钢铁、1万米钢筋混凝土管，共配备19台通风系统、16部电梯、1个冷却塔和一个备用发电机。在建造过程中，建筑工人要挖出7.6万立方米土石，铺设19.5公里长的铜管、75公里长的排水管和153公里长的电线，这一长度足以到达缅因州。

我暗自祈祷，它可千万不能倒下来。

要知道，这么高的大楼就算是碰到了地震也不能倒。我很好奇，建筑工人凭什么确定一切都万无一失呢？我意识到这个问题有两个层面：**首先，他们怎么知道自己掌握了相关的知识？其次，他们怎么知道自己正确运用了这些知识？**要解决上面提到的两个问题可不容易。在设计大楼的时候，专家必须考虑各种因素，如当地土壤的成分、单个结构的理想高度、可用材料的强度以及建筑的几何外形等。把计划变成现实同样是困难重重，专家们必须确保各种工匠和机械依次正确完成各个步骤。此外，他们还要随机应变，处理那些意想不到的困难和变化。但是，这些建设者显然获得了巨大的成功，他们已经在全世界建造了几百万座大楼。虽然近几十年来建筑工程变得越来越复杂，但是困难并不能阻止他们获得更多成功。而

且，和医生、教师以及其他行业的从业人员一样，一线建筑工人也进行了细致的分工，他们有的专门负责打桩，有的则专门负责给重症监护室布线。

为了解决我心中的疑问，我决定拜访乔·塞尔维亚（Joe Salvia）。乔·塞尔维亚是负责我们新大楼建设的结构工程师，我想让他告诉我建筑行业是怎么完成如此复杂的工程的。事实证明我找对了人。

> 自20世纪60年代以来，波士顿大多数主要的医院建筑都是由他创办的麦克纳马拉/塞尔维亚公司（McNamara/Salvia）负责设计结构工程的，波士顿的很多宾馆、办公楼和公寓楼也是他们负责建造的。他们还重建了波士顿红袜队（Boston Red Sox）的主场芬威球场（Fenway Park），该球场设有36 000个座位。这一项目重建的还包括球场具有标志性的、被称为"绿怪兽"（Green Monster）的左野墙，这堵墙高达11.3米，让球手很难在左野打出本垒打。塞尔维亚公司最在行的就是对大型而复杂的摩天大楼进行结构工程设计。

该公司设计的最高的大楼是迈阿密一幢高达80层的摩天大楼。在罗得岛的普罗维登斯（Providence），他们负责一家购物中心的结构设计，这个建筑的用钢量创造了东海岸之最（总共使用了2.4万吨钢）。他们还参与了一个大型项目，这个项目可能算得上是全球规模最大的体育娱乐建筑群了，这就是位于新泽西州东卢瑟福的梅兰多兹胜境（Meadowlands Xanadu）。这一建筑群包括纽约巨人队

（New York Giants）和纽约喷气机队（New York Jets）的体育场，还包括一座设有3 000个座位的音乐厅、全美最大的多放映厅影院，以及美国第一家室内滑雪场冰雪公园（Snow Park）。在过去几十年的大多数时间里，这家公司的工程师每年要完成50~60个项目，平均每周就要完成一幢新楼的结构设计和建造，而其中没有一幢出现过任何可能要倒塌的迹象。

在塞尔维亚位于波士顿市中心的办公室里，我问他如何确保他们的设计和施工是准确无误的。乔·塞尔维亚61岁，头发几乎都掉光了，说话的时候一口浓重的波士顿口音，他性格随和，不会让你感到紧张，一点也不像我印象中的工程师。塞尔维亚告诉我，他设计的第一个项目是一家小型购物广场的屋顶。

> 那时候他刚刚大学毕业，是一个来自美国剑桥的23岁小伙子。他出生和成长的地方可不是哈佛教授们居住的地方。他的父亲是个维修工，母亲在一家肉类加工厂当工人。不过塞尔维亚的学习成绩非常好，他成了家族里第一个上大学的人。他去了塔夫茨大学（Tufts University），就读医学专业，但一堂有机化学课改变了他的人生。

塞尔维亚告诉我："有一次老师说：'你们要记住这些公式。'我回应说：'既然可以在书里找到这些公式，那么为什么一定要记住它们呢？'老师说：'你想当医生吗？如果想的话就必须记住这些，医科学生要记住一切。'在我看来，这实在是很荒唐。而且我也不擅长记忆，于是我转系了。"

但是他非常善于解决复杂问题。他试图向我解释如何心算二次

方程的解，但我脑子里盘旋的却是以前从来没有听别人用波士顿口音说过"二次方程"这几个字。他说："我还非常喜欢创造。"所以，他从医学院转到了工程学院。工程学既是一门科学，又是一门务实的学问，他非常热爱这个专业。他学习了静力学和动力学，还学习了钢铁、混凝土和土壤的化学物理特性。

刚刚拿到学士学位的塞尔维亚加盟了一家名为萨姆纳·沙恩（Sumner Shane）的建筑工程公司。这家公司的业务主要是建造购物中心，他们刚刚在得克萨斯接到了一单生意，塞尔维亚负责屋顶系统的设计。他发现教科书教给他许多关于如何建造牢固屋顶的知识，而且详细的建筑施工法规也为他提供了许多信息。

塞尔维亚说："我在大学里就学过如何使用钢结构，也就是用钢柱和钢梁来进行设计。"当地的建筑法规列出了很多具体规定，如钢的强度、土壤的组成、建筑的积雪承压能力、抗风压能力和抗地震能力等。他要做的就是根据这些要求来设计新购物中心的具体细节，如建筑的大小、层数以及仓库和装卸平台的位置。塞尔维亚边说边在纸上描绘他的设计，他先画了一个长方形，然后画出了墙壁、出入口和过道，购物中心的样子渐渐浮现在纸上。

"你要画出可以承受屋顶重量的支撑点网格，"塞尔维亚边说边在可以安放立柱的地方打上小叉，"剩下的工作就是解方程了，要解出 x。"要根据屋顶的面积和厚度算出它的重量，如果打算每隔 10 米设置一根立柱，那么就要算出每根立柱的直径和承重强度。你必须仔细检查自己的计算以确保工程质量符合所有要求。

所有这些知识都是在学校里学的。但是，塞尔维亚也发现，还有很多东西是他在学校里学不到的。

他说："你可以做出几何学上的最佳设计方案，但在实践中，这种方案或许并不可行。"比如，你要考虑成本。但他当时设计的时候并不知道这一点。所以，他设计的屋顶大小和用料增加了项目的成本。当然，设计师还要考虑美学因素，没有客户会希望在楼面的中央矗立着一根立柱。有时候，一些特殊的视线也不允许被阻挡。

塞尔维亚说："如果工程师说了算的话，那么所有建筑都会是长方形的盒子。"但是每个建筑大小不一，形状也不相同，所以都是独一无二的，是复杂的，你在教科书里找不到标准化的方程来解决以前从未遇到过的问题。就拿塞尔维亚创立自己的公司后所负责的一个项目来说吧。

> 这个项目是由建筑师菲利普·约翰逊（Philip Johnson）设计的波士顿地标性建筑，高46层的钢结构塔楼国际广场（International Place）。这个建筑非同寻常，它的外形是圆柱体和长方体的结合，以前不曾有人将这样的形状用于摩天大楼。塞尔维亚解释说，从结构工程的角度来看，圆柱体是有问题的。方形的坚固程度比圆形高出60%，而建筑在风中或在地震中要抵抗得住自身弯曲的倾向。如果用圆柱体的话，难度就会大幅度上升。为了实现约翰逊的美学设计，塞尔维亚和他的团队必须对建造技术和过程进行创新。

塞尔维亚第一次设计的那个屋顶要简单许多，但对当时的他来说，这已经是困难重重了。除了要考虑成本和美学以外，他还要考虑其他系统的设计要求。参与设计工作的还有管路工程师、电气工

程师、机械工程师，他们希望铺设管道、电线和设置空调通风系统的地方，可能正是塞尔维亚想要放置立柱的地方。

塞尔维亚说："建筑就像身体一样。"它有皮肤，有骨架，还有血管系统（管路）、呼吸系统（通风）和神经系统（电线）。所以，如今的建筑项目总共要涉及16大行业。塞尔维亚拿出一份施工计划，这份计划是为他们正在建造的一幢约120米高的摩天大楼编制的。他把计划翻到目录部分指给我看。

> 每个行业都分管一部分工作，如运输系统（电梯和自动扶梯）、机械系统（供热、通风、管路、空调、防火）、砖石结构、混凝土结构、金属结构、电气系统、门窗、温度和湿度控制系统（包括防水和隔热）、粗木工和精木工、现场管理（挖掘、废水和雨水收集、走道保洁）。其他更加细致的工作还有地毯铺设、内部装饰、景观美化和灭鼠等。

这些工种缺一不可，但是每种工作又要符合大局。此外，各种工作必须互相协调，有序而精确地展开。从表面上来看，建筑工程的复杂性非常之高。为了应对这么高的复杂性，整个行业不得不进行革新。

塞尔维亚告诉我，自中世纪以来，人们如果想建造楼房，就可以去找建造大师。建造大师负责建筑物的外形设计、结构工程设计，并监督整个建造过程，事无巨细，一切都在他的掌控之中。建造大师们的代表作有巴黎圣母院、圣彼得大教堂和美国国会大厦。但到了20世纪中叶，这个行当彻底终结了，建造大师们从历史的舞台上消失了。这是因为，**建筑过程每个阶段的复杂性和多样性都超出了个人能力的极限。**

建筑设计和工程设计首先分道扬镳了。然后，每个行当进一步细分，直到一边是分工明确的设计师，而另一边则是具有不同专业技能的工程师。当然，施工过程也进行了细分，比如塔吊承包商和精木工就不熟悉对方的工作。换言之，建筑行业和医疗行业一样，也经历了分工再分工的演进过程。

实际上，医疗体系还沿用着建造大师时代建立的系统。在这一系统中，大师级医生或单枪匹马，或带领一群小跟班主导整个诊治过程。**调查显示，在过去一年中，有 1/3 的病人在接受治疗的过程中，至少有 10 个以上的专科医生参与其中，参与的其他医务人员可能就更多了，**其中包括护士、药剂师助理，还有义工等。我们适应现实的速度很慢。已经有大量证据显示，**对于病人的诊治有很多是重复的、有瑕疵的，或者是没有经过统一协调的。**

塞尔维亚解释说，在建筑行业，这种错误是不能容忍的。无论在设计第一个屋顶系统的时候觉得有多么困难，但他很快就意识到，自己没有犯错的余地。因为错误意味着很多人要送命，意味着公司要损失大笔金钱。早在 20 世纪初，建筑设计师、工程师和建筑工人就开始正视建造大师体系不再有效这一现实。所以，他们抛弃了这个体系，并想出新办法来确保工程不会出任何问题。

> **清单宣言** | THE CHECKLIST MANIFESTO HOW TO GET THINGS RIGHT
>
> 无论在设计时有多么困难，都没有犯错的余地。因为错误意味着很多人要送命，意味着公司要损失大笔金钱。

组织一个井然有序的团队

为了让我对如今的建筑行业有个直观的了解，塞尔维亚带我去他们附近的一个工地进行参观。他们的这项工程是名为"俄罗斯码头"（Russia Wharf）的32层办公楼公寓，建筑总面积达6.5万平方米，占地8 000平方米。

整个建筑群非常壮观。俄罗斯码头原来是用来停靠商船的，这些商船来往于圣彼得堡和波士顿之间，并为波士顿原来的造船业运送铁、粗麻和帆布等原材料。波士顿倾茶事件就发生在这附近，而新建的玻璃幕墙钢结构建筑将矗立在俄罗斯码头的原址之上。大楼内的天井有10层楼高，而且新建筑还将保留原始建筑有着110年历史的新古典立面，使其成为新楼的一部分。

当我们来到工地后，塞尔维亚看了看我的布克兄弟（Brooks Brothers）蓝色休闲西装和黑色平底便鞋，不禁低声轻笑："在工地，穿合适的鞋子是非常重要的。"

清单革命在行动·建筑业

旧建筑的内部结构很早就拆除干净了，新建筑的钢铁骨架也已经建造了一半，有14层楼那么高。一台塔吊高高在上，比新建筑的现有高度还要高4层。如果你从那里往下看，我们一定像蚂蚁一样小。我跟着塞尔维亚穿过了一些混凝土搅拌车，跨过一些小泥坑，最终进入了约翰·莫里亚蒂建筑公司（John Moriarty and Associates）的一楼现场办公室。这家公司是这个项目的主承包商，那里和我在电影里看到的脏兮兮、破破烂烂的工地办公室一点也不一样，也看不到叼着香烟、冲下属大吼大叫发号施令的工头。我眼前的办公室由6个房间组成，里面的工作人员有很多都穿着工作靴、牛仔裤和安全反光背心。他们有的端坐在办公桌前，盯着眼前的计算机屏幕，有的则聚在会议桌旁，对投影银幕上的报告或方案进行讨论。

他们给了我一顶蓝色的安全帽，然后让我签了一份保单。塞尔维亚把一个名叫芬·奥沙利文（Finn O'Sullivan）的人介绍给我。这个身高一米九的爱尔兰人是这里的项目经理，他面带微笑，说起话来一口浓重的爱尔兰口音，声调抑扬顿挫。他们现在不再使用"工头"这个称谓了。奥沙利文告诉我，他每天都要管理200～500名工人，这些工人分别来自6个不同的分包商。让我感到惊讶的是，他所掌握的知识的广度和复杂程度丝毫不亚于任何一个艰涩复杂的医学领域。他努力向我解释自己和同事们如何确保所有工人的操作正确无误，确保整个施工过程没有瑕疵。要知道，他们需要考虑各个方面的因素，而且奥沙利文不可能熟知大多数具体工作的细节。虽然他讲得很认真，但我还是丈二和尚摸不着头脑。当他把我带进主会议室的时候，出人意料的一幕浮现在我眼前，在大型白色椭圆会议桌周围的墙上，贴着很多砧板大小的清单。

贴在我右手边墙上的是施工日程安排表。我凑近仔细看了看，上面把每天需要完成的各项任务都标注了出来，而且所有工作的顺序和完成时间也一目了然。比如，第15层楼的混凝土浇筑工作在当月13日完成，而钢结构在当月14日运输到工地。

这份日程安排表要用好几张纸才能打印完整，而且需要彩打，因为在表上，不同的颜色表示不同的含义。比如，用红色标注的是重要步骤，在开始其他工作之前必须完成这一步。每当一项工作完成的时候，监工会向奥沙利文报告，而他会在自己的项目管理程序中给这项工作打上一个钩。奥沙利文每周都会将下一阶段的日程安排打印出来。当然，如果工程进展

顺利，他打印日程安排的频率会加快，施工日程安排表实际上就是一张长长的清单。

由于每个建筑都有自己的特点，所以每次都要制订新的清单。在制订清单的过程中，每个行当都会派自己的代表前来参加，而塞尔维亚的公司会派出代表以确保建筑的结构工程没有问题，并符合其他各方的要求。制作完成后，清单会被送到各分包商和其他独立专家的手中再一次接受检查。这么做是为了确保没有重要环节被忽略。

就这样，详尽的清单陆续出炉，它们被用来指导施工建设的具体开展，而且这个方法可以确保数以百计乃至千计的专业人士能够在正确的时间、正确的地点以正确的方式贡献自己的宝贵知识。

俄罗斯码头项目的施工日程安排是一个多层次的施工计划。当我到工地实地参观的时候，真的能看到施工过程的不同层次。带我参观的是塞尔维亚公司为这个项目委派的首席结构工程师伯尼·鲁亚尔（Bernie Rouillard）。我要事先声明的是，我可不喜欢去太高的地方。但我还是戴上安全帽，跟着鲁亚尔穿越写有"闲人免入"的标示牌，跨过一堆废弃的生锈钢筋，沿着一排木板走道进入一台橙色的升降机前。待大门关闭后，升降机开始爬升，发出"咔嚓咔嚓"的声音。我们最后到达了第14层的楼面。走出升降机后我发现，厚厚的混凝土楼板上空空如也，整个楼面没有外墙，只有一些3米多高的钢柱围在四周，楼层的中央是呈长方形的巨型混凝土内核。不用走到楼层的边上，就能轻轻松松地把波士顿的繁华景象尽收眼底。

"你可以从这里一览整个工程的全貌。"鲁亚尔边说边示意我跟着他往楼层边缘走。我小心翼翼地挪到离边缘还有一米的地方停了下来。鲁亚尔好心地把旁边的各项工程指给我看,而我实在没心思仔细端详,因为大风正"呼呼"地从我身边吹过,而距离地面十几层楼的高度也让我觉得头晕目眩。当我们把身体转向楼面中央的时候,我感觉好多了。鲁亚尔让我看铺设在天花板上的裸露钢结构桁架,这些结构是用来支撑上一层楼板的。

鲁亚尔说,他们随后会在这些桁架上喷耐火材料。

"你们要对钢结构进行防火处理?"我问道。

他回答说"是",因为钢铁在大火中会塑化、变软,会像面条一样发生弯曲,这就是世贸中心倒塌的原因。他带我沿着楼梯下到第13层,我看到这里的桁架已经喷上了耐火材料。这种材料含有石膏成分,它们让天花板看起来灰灰的、毛茸茸的。

我们又往下走了几层。我看到建筑的"皮肤",也就是玻璃幕墙和钢结构外立面已经安在这几层的混凝土楼板上了。我们越往下走,建筑的层次就越多。分包商的一个团队已经在这些楼层的"皮肤"内砌起了分隔不同房间的墙壁,而排管工人则在铺设输水管和排水管。随后安装的是通风管道。当我们下到底层的时候,很多工序已经完工了,大理石内饰做好了,电线、水管都铺设好了,就连楼梯的扶手栏杆都已经安装完毕。这么繁杂的工程却进行得如此有序,这让我对塞尔维亚这样的建筑专家们感到由衷的敬佩。

团队沟通的智慧

还在较高楼层的时候,我发现了一个问题。即使是我这个门外汉也能察觉出有些事情不太对劲儿。那几天阴雨不断,而在那几层

敞开的楼面上，有大量雨水积在靠近混凝土内核的楼板上，就好像楼面向内倾斜一样。我向鲁亚尔提出了这个问题。

"是的，业主也发现了这个问题，对此他们不太高兴。"鲁亚尔说。他猜想问题的成因是这样的：混凝土内核的重量非常大，再加上当地的土壤相对比较松软，所以内核的下沉速度可能比预想的要快。而建筑外层的钢结构还没有担负许多载荷，毕竟还有18层楼没有建好。鲁亚尔认为，正是建筑内外下沉速度的差异导致楼板向内侧倾斜。但他觉得，只要大楼完工了，外层结构承担足够的负荷，这个问题就会迎刃而解。

让我最感兴趣的倒不是鲁亚尔的这个解释，因为我无从判断他的猜测是否正确。真正让我感兴趣的是在施工过程中出现了意料之外的情况：上层楼板倾斜了。他们应当先清理掉这些积水，但施工计划肯定会因此而拖延。这会涉及方方面面，就连这么一件小事都有可能让整个项目乱套。不仅如此，相关专家还必须研究清楚这个问题是否意味着建造过程存在严重缺陷。我很好奇他们将会如何处理这个情况。**不确定性总是无处不在的，他们凭什么判断这只是正常的沉降呢？又凭什么认为外层钢结构负重后真的会和混凝土内核持平呢？** 正如鲁亚尔所说的那样，"天有不测风云"。这的确是一个非常复杂而棘手的问题。

等回到底楼的现场办公室之后，我问奥沙利文他们将如何处置这一情况。我相信他们这些建造摩天大楼的人一定碰到过许多类似的问题，许多清单无法事先预计的问题。如果医生在诊治病人的过程中碰到类似问题

清单宣言 THE CHECKLIST MANIFESTO HOW TO GET THINGS RIGHT

> 如果让合适的专家聚在一起，并且让他们作为一个团队而不是作为个人进行充分讨论，那么严重的问题是可以被发现和避免的。

的话，虽然病人的情况千差万别，但他们会完全凭借某个专家的判断来应对挑战。也就是说，单个医生拥有自主权，能够全权负责病人的诊治。而在俄罗斯码头项目这个例子中，鲁亚尔就是这样的专家。如果我们把工地看作是医院，那么他的个人判断就能决定事态的发展。但是，奥沙利文指出，这种方法存在缺陷。

清单革命在行动·建筑业

和诊治病人一样，建造大楼也需要各个领域的专家（来自16个不同的行当）。既然全知全能的建造大师已经不存在了，那么让单个专家拥有自主权会引发灾难。不同的专家可能会做出相互冲突的决定，而一些重要问题又可能被大家忽视，这样造出来的建筑早晚会倒塌。我实在无法想象，如果在医院里犯下这样的大错，后果将会有多么严重。

"那你们会怎么做呢？"我问道。

奥沙利文指了指我的左边，在正对着施工日程安排表的墙上贴着另一张巨幅图表，样子看起来和施工计划没有什么不同，只不过这张图表的名字叫作"建议日程安排表"。这也是一张清单，不过，这张清单详细规定的并不是施工任务，而是沟通任务。工地项目经理应对突发问题的方法就是，确保专家们彼此充分沟通交流，建议日程安排表上会写明在 X 日进行有关 Y 过程的讨论。专家们可以做出个人判断，但他们要明白自己是团队的一员，也要充分考虑其他人的观点。经过充分讨论之后，他们会得出最终的行动方案。虽然没有人能够事先预料所有问题，但他们至少可以事先预估可能会在什么时候和什么地方碰到问题。建议日程安排表规定了哪些人在什么时候就什么问题进行讨论，在下一步工作开始之前分享他们的专业知识或提出建议。

比如，这张建议日程安排表规定，承包商、安装专家和升降机工程师在月底前要对负责 1~10 楼运输工作的升降机进行评估。升降机是由专业厂家制造的，在出厂前经过了严格检测，而且是由专家安装的。但是，建筑项目负责人并没有假设一切都会顺利进行。相反，他们认为任何环节都可能出现问题。为什么会这样？谁知道呢？这就是极端复杂问题的特性。不过，他们还认为，如果让合适的专家聚在一起，并且让他们作为一个团队而不是作为个人进行充分讨论，那么严重的问题是可以被发现和避免的。

所以，建议日程安排表的作用就是让专家们互相交流。承包商、安装专家和升降机工程师必须在月底之前进行讨论；还要在当月 25 日之前和耐火材料专家交流；而在两周前，结构工程师、咨询顾问和业主已经就楼板向内侧倾斜进而引起积水的问题进行了讨论。

我看到这个任务旁边已经打了钩，说明这项工作已经完成了。我问鲁亚尔讨论进行得怎么样。

一切都很顺利。大家一起对问题进行了评估，业主和承包商现在也认为外部钢结构最后会加速沉降，和混凝土内核持平。排水清理工作已经安排好了，施工计划进行了一定的调整，参与讨论的每个人都签了字。

清单宣言 THE CHECKLIST MANIFESTO HOW TO GET THINGS RIGHT

> 一个人免不了会犯错误，但许多人犯错的可能性或许会变得小一些。

极端复杂的情况总是充满了不确定性，人们总是不能确定一切是否能够顺利进行。**面对未知，建筑专家们相信沟通的力量，而不相信某个人的智慧，即使他是经验丰富的工程师。** 他们依赖的是集体的智慧，要确保各方面的专家都对问题进行了仔细的评估，并一起讨论得出解决方案。

一个人免不了会犯错误，但许多人犯错的可能性或许会变得小一些。

在现场办公室的另一个房间里，一个发型时髦、身穿黄色反光背心的年轻男子坐在两个大型液晶显示屏前。这人名叫瑞安·沃尔什（Ryan Walsh），他的工作是将各行业专家提交上来的施工方案输入电脑，并将它们整合成大楼的三维图。在图中，大楼每一层的结构都非常详细。他在屏幕上调出了顶楼的三维图。那时候，他已经将 9 个专业的施工方案整合在一起，其中包括结构工程、电梯安装、管路铺设等。他用鼠标带领我们在这一楼层参观，就好像我们真的在过道里行走一样。你可以在屏幕上看到所有东西，比如墙、门、安全阀等。更重要的是，你能在屏幕上看到问题，比如，有个地方的高度不足以让一般的成年人通过。沃尔什为我演示了一个名叫"冲突侦探"（Clash Detective）的软件，这个软件能将不同专业施工方案互相冲突的地方，以及施工方案和建筑法规冲突的地方都找出来。

沃尔什说："如果一根结构梁跨越的地方应该安装灯具，那么'冲突侦探'软件就会在屏幕上用不同的颜色来标注这根横梁。有时能发现几百处冲突。有一次，我甚至发现了 2 000 多处冲突。"但仅仅发现冲突是远远不够的，问题必须得到解决。为此，必须确保专家们对问题进行讨论。所以，软件会将相关问题纳入建议日程安排表，并给相关专家发去电子邮件。

他们还有一个名叫"项目中心"（Project Center）的软件。只要有人，哪怕是一线的建筑工人发现了问题，就可以通过这个软件发邮件通知相关专家，并通过该软件对讨论进程实施跟踪，最后还要确保问题经过了充分讨论，并得以解决。当我们回到塞尔维亚的办公室时，鲁亚尔给我看了一封这样的电子邮件。

> 这封邮件是鲁亚尔在上周收到的，铆接 4 米钢梁的一位工人发现 4 个接口中有两个不吻合。他不知道这是不是

> 大问题，于是用数码相机拍了照，通知了鲁亚尔。鲁亚尔回信说这个情况不正常。他们共同商讨出解决方案，将钢梁焊接到位。电子邮件还被自动抄送到要对解决方案签字的专家那里。每个人有3天时间对方案进行评估，并做出答复。在这一过程中，每个参与讨论的人都要确认自己和他人进行了充分沟通，因为即使是这么一个小小的修复任务，也会对多方面的工作产生影响。

塞尔维亚曾经告诉我说，**在过去的几十年里，建筑领域的最大进展就是对进程跟踪和沟通过程不断完善。**直到这个时候，我才明白他的话是什么意思。

违背的代价

在面对巨大挑战的时候，建筑行业愿意把自己的命运交付给集体决策的决心让人感到惊讶。塞尔维亚的合伙人是罗伯特·麦克纳马拉（Robert McNamara），他是曼哈顿花旗大厦的一名结构工程师。

> 花旗大厦非常有特色，它那标志性的屋顶由一个斜坡构成，整个建筑高达270多米，给人留下最深印象的是它底部的4根巨柱。这些柱子有9层楼高，它们把整个建筑腾空托起。更奇特的是，它们并不是位于建筑的4个角上，而是位于四条边的中央。首席结构工程师威廉·勒梅萨里尔（William LeMessurier）为这些柱子设计了隐形的倒V形巨型支架对其进行加固。建筑的外形非常抢眼，整个摩

天大楼就好像漂浮在第53街的上空一样。但风洞测试显示，由于这座大楼比周围的建筑物高出许多，所以强风和湍流会对其施加强大的作用力。这么大的力量都快超出结构工程师的能力范围了，似乎只有飞机设计师才能应付得了。所以对于大楼可以接受的摇摆程度，大家心里实在没底。

那么他们该怎么办呢？他们既没有废弃这个独特的设计，也没有降低建筑的高度。麦克纳马拉提出了一个新奇的方案，这个方案叫作"调谐质量阻尼器"。麦克纳马拉认为，他们可以在大楼第59层的楼顶用巨型弹簧悬挂一个重达400吨的混凝土块。当强风把大楼推向一侧的时候，这个混凝土块会向反方向摆动，并以此抵消强风的作用力。

这是一个非常聪明而简洁的解决方案。工程师们用一个较小尺寸的模型进行了风洞测试，结果非常令人满意。但是，对这么复杂的项目来说，错误和不确定性总是存在的。为了尽量减小犯错的可能，专家们在开工前的最后时刻进行充分沟通。大厦的业主与建筑设计师、城市建筑规划部门官员、结构工程师以及其他专家进行了讨论。他们对整个设计方案和相关数据进行了仔细评估，确认所有可以预想的问题已经得到妥善解决。最后，他们依次在施工计划上签字，建设工作由此正式拉开帷幕。

在人口稠密的市中心地区建造结构如此复杂的建筑实在让人有点不放心。要知道，单是在大厦里工作的就有几千人，还有几万人在附近工作和生活。这么做要冒很大的风

清单宣言 THE CHECKLIST MANIFESTO HOW TO GET THINGS RIGHT

他们知道不能单枪匹马，而是要依靠集体的智慧。他们用一套清单来保证不遗漏任何简单的问题，不跳过任何简单的步骤；用另一套清单来保证所有专家都对困难的和意料之外的问题进行充分讨论，并共同商讨出解决方案。

险，似乎是个不明智之举。但我们相信专家们有能力应对复杂的问题。他们知道不能单枪匹马，而是要依靠集体的智慧。他们用一套清单来保证不遗漏任何简单的问题，不跳过任何简单的步骤；用另一套清单来保证所有专家都对困难的和意料之外的问题进行充分讨论，并共同商讨出解决方案。

奥沙利文告诉我："在这个行业，造成严重错误的最大原因就是沟通不畅。"

就拿花旗大厦来说吧，在计算建筑牢固程度的时候，工程师假设底部基座上的巨型支架是焊接起来的，但是焊接工作非常耗费人力，成本较高。承建这一项目的伯利恒钢铁公司（Bethlehem Steel）提议使用螺栓对支架进行铆接，但这么做会让建筑变得不那么牢固。他们通过计算，认为铆接的强度完全可靠。但是，《纽约客》后来披露，他们的计算结果不知是何原因，没有经过勒梅萨里尔的审阅，这个检查点被跳过了。然而，当时即便勒梅萨里尔审查了计算结果，也未必能够发现问题。

> 在1978年，也就是大厦投入使用一年之后，普林斯顿大学的一名工程专业学生发现建筑强度不够，勒梅萨里尔这才发现他的设计被更改了。更糟糕的是，这意味着建筑存在致命缺陷：它将无法抵抗时速在112公里以上的强风。而纽约的气象资料显示，这样的强风每55年至少会发生一次。如果这一情况真的发生，那么支架的连接点会断裂，大厦会从第30层开始塌陷，进而倒塌。但他们发现问题的时候大厦已经完全投入使用了。勒梅萨里尔把这个坏消息告诉了大厦业主和市政官员。那年夏天，当飓风艾拉（Ella

向纽约逼近的时候，一个紧急施工队在大家下班后秘密地将 5 厘米厚的钢板焊接在 200 个重要的螺栓上面。大厦终于保住了，直到今天依然牢牢地矗立在那里。

虽然建筑业的清单制度并不能发现所有问题，但是它的成功让人啧啧称奇。

清单的力量 | THE CHECKLIST MANIFESTO
HOW TO GET THINGS RIGHT

> 美国有将近 500 万座商住楼、1 亿座低层住宅和 800 万座高层住宅，每年要新建大约 7 万座商住楼和 100 万座住宅楼。这些建筑部分或全部倒塌的情况非常少见，特别是摩天大楼。俄亥俄州州立大学于 2003 年进行的一项研究显示，美国每年发生的严重建筑事故只有 20 起，这意味着建筑行业每年可避免的严重事故发生率不到 0.002%。

正如塞尔维亚对我所说的那样，虽然如今的建筑比历史上任何一个时期的建筑都要复杂，设计师和工程师要考虑抗震、能效等诸多问题，但是施工的时间却比几十年前缩短了 1/3。

清单真的非常有效！

第二部分
清单革命的行事原则

THE
CHECKLIST
MANIFESTO
HOW TO GET
THINGS RIGHT

THE CHECKLIST MANIFESTO
How to Get Things Right

第 4 章
权力下放
清单由谁来主宰

- 350万美元；2 498箱救援物资。为什么沃尔玛能抢先一天把水和食物送到灾民手中？生死时速面前，卡特里娜的"完美风暴"竟让政府救援汗颜。
- 每个人都在等待救世主，但中央集权的解决方法只会让人等得望眼欲穿。将决策权分散到外围，而不是聚集在中心，让每个人担负起自己的责任，这才是让清单奏效的关键所在。

中央集权行不通了

建筑业为了应对极端复杂的问题会使用特殊清单。其中一些清单所体现出的理念非常引人注目，那就是把权力分给更多人。在面对风险的时候，大多数当权者喜欢把权力、决策权等聚集在自己手里。一般清单所发挥的其实就是这一功能，高层会用清单列出下属应该完成的工作，并确保其及时正确地完成。我所见到的第一张施工清单，那张贴在奥沙利文办公室右侧墙上的施工日程安排表，就属于此类清单。这张清单写明了每一个关键步骤的具体要求，写明了人们在碰到简单或平常问题时的例行处理程序。这张清单起到的作用就是"强制函数"。

但是，在奥沙利文办公室的另一面墙上还有一张清单。当人们遇到非常规的、可能引发危险的复杂问题时，比如在建高楼的楼板突然出现意料之外的内倾状况，这张清单就能派上用场了。**它所体现出的理念与前者截然不同，因为它将决策权分散到外围，而不是聚集在中心。**这种理念给了人们足够的空间，让他们能够根据自己所掌握的经验和专业技术适应环境，应对挑战。高层需要做的并不

是直接进行决策,而是督促大家积极参与讨论,让他们担负起自己的那一份责任。这就是此类清单奏效的关键所在。

这种方法出乎意料地民主。奥沙利文告诉我,现如今的施工监理行业也将其奉为标准。他说,现在的监理不会自己重新计算建筑的抗风强度,也不会评估钢梁的连接处是应该铆接还是应该焊接。**无论一个人有多么聪明,知识有多么渊博,他都不可能独立完成俄罗斯码头项目或花旗大厦这样复杂的建筑监理工作。**所以,虽然他们会尽全力监督施工质量,但现在要做的是确保施工人员及时进行正确的或标准完成施工。监理也将自己的权力和责任分散给相关各方。

奥沙利文说:"这么做是有道理的。如果什么事都要监理亲力亲为,那么就算是只建两座屋子,其安全系数也未见得比我们手头这些大型项目的安全系数更高。"我觉得,**一些当权者已经意识到,如果他们不放权,就会遭遇失败。**我们只要看看卡特里娜飓风席卷新奥尔良之后发生的一切,就能明白这个道理。

> 高层需要做的并不是直接进行决策,而是督促大家积极参与讨论,让他们担负起自己的那一份责任。这就是清单奏效的关键所在。

2005年8月29日早上6点,卡特里娜飓风在新奥尔良市的普拉克明县(Plaquemines Parish)登陆。起初的消息大幅低估了灾害的严重程度。由于电力被切断,各种通信中断,消息无法发送出去。到了下午,市区周围的防洪堤决口了,大部分市区因此被洪水淹没。有关灾情的报道在电视上不断播报,但是美国联邦紧急事务管理局(Federal Emergency Management Agency,FEMA)的负责人迈克尔·布朗（Michael Brown）却对此视而不见，并在新闻发布会上宣称，局面尽在掌控之中。

FEMA的信息渠道有很多，但是该机构在新奥尔良常驻的代表只有一人。这位代表在飓风登陆的当天下午想办法搭上海岸警卫队的直升机查看了市区的灾情，并发出了紧急情况报告。但大多数通信都被切断了，他只能通过电子邮件发出这份报告。这位代表在报告中说，新奥尔良市内洪水肆虐，他亲眼看到有尸体漂浮在水面上，还有成百上千人站在楼顶等待救援，但政府高层官员并不使用电子邮件。事后的一次国会听证会披露，直到第二天，政府高官才接到相关信息的通报。

但那个时候，新奥尔良80%的市区已经被洪水淹没。有两万多难民滞留在超级圆顶体育场，还有两万多难民聚集在莫里尔会议中心（Morial Convention Center）。有5 000多人转移到了10号州际公路的立交桥上，其中一些人是救援队员转运过来的，但大多数人是自己逃难出来的。他们来不及搬出自己的财产，许多人只是随身带了几件衣服。市内的各家医院因为电力被切断而处于瘫痪状态。人们因为得不到维持生存的食物和水而开始抢劫，暴力事件的上升成了一个严重问题。

很多当地政府官员和自发组织者竭尽全力联络联邦政府，希望他们能够知道灾区最需要什么，但却一直无法和对方取得联系。当他们最终通过电话找到某个官员的时候，却被告知耐心等待，因为相关信息需要逐级上报，传统的指令和控制系统很快已被**大量信息和指令淹没**。有太多决策要做，但是决策者得到的信息

不够及时，不够具体，他们不知道应该向什么地方提供什么样的帮助。

但尽管如此，政府仍拒绝放弃传统指令模式。灾情正在不断恶化，而各级政府却在争论决策权的归属问题。联邦政府不愿意把权力下放给州政府，州政府不愿意把权力下放给当地政府，更没有人愿意把权力下放给企业、个人或非政府组织。

无政府状态和奥威尔式官僚造成了可怕的后果。 当局拒绝满载饮用水和食物的卡车进入灾区，因为他们的救援计划并不包括这些内容。公车征用令迟迟不发，美国交通运输部直到两天后才收到正式的征用令公文。数万人已经被围困，需要及时疏散。但与此同时，新奥尔良却有两百多辆公共汽车被闲置在附近的高地上。

清单宣言 THE CHECKLIST MANIFESTO HOW TO GET THINGS RIGHT

> 在面对极端复杂的问题时，高层应该尽可能把权力下放给一线人员，而不是将大权集中在自己手中。极端复杂的问题本来就是出乎人们意料的，对于此类问题，传统的中央集权处理范式是行不通的。

问题并不是这些高官缺乏同情心，而是他们没有认识到，在面对极端复杂的问题时，他们应该尽可能把权力下放给一线救援人员和当地官员，而不是将大权集中在自己手中。**每个人都在等待救世主，但中央集权的解决方法只会让灾民们等得望眼欲穿。** 事后，时任国土安全部部长的迈克尔·切尔托夫（Michael Chertoff）被要求对政府迟缓的救援行动做出解释。他说："卡特里娜飓风是一次超级灾难，是'完美风暴'，超出了决策者甚至是任何一个人的预料。"但这一解释说不通，极端复杂的问题本来就是出乎人们意料的，这是它们的基本属性之一。对于此类问题，传统的中央集权处理范式是行不通的。

每个人都是清单的主宰者和参与者

让人意想不到的是,在所有组织中,把救灾问题的复杂性理解得最透彻的竟然是沃尔玛。哈佛大学肯尼迪政府学院的教授对沃尔玛在救灾过程中的表现进行了案例研究。这份报告向我们展现了一个灵活应变、充分下放权力的超低价零售巨擘。得知新奥尔良遭受严重风灾的消息后,沃尔玛首席执行官李·斯科特(Lee Scott)只是发布了一条非常简短的指令:"本公司将对风灾做出相应级别的响应。"有人记得他在公司高层会议上是这么说的:**"在座各位将要做出超出自己级别的决定,请务必根据所掌握的信息及时做出最佳的选择。记住,最重要的就是做正确的事情。"**

就这样,简简单单的指令从高层传递到一线门店经理那里。这条指令真是给他们松了绑,让他们放开手脚便宜行事。

> **THE CHECKLIST MANIFESTO**
> **How to Get Things Right**
> ✓ 清单革命在行动·救援清单

沃尔玛共有 126 家门店因为被淹或停电而歇业,有两万多名员工及家属被困,公司的救援行动最早把帮助他们作为工作重点。有一半以上受损的门店在行动开始后的 48 小时内重新开业。但是,当管理人员从员工口中得知灾情非常严重的时候,救援重点立刻从重新开业变成了紧急救援。他们心里想的是:"天哪,我们能为那些处于水深火热中的人们做些什么?"

沃尔玛的门店经理自行决定为当地居民分发物资,其中包括纸尿布、饮用水、婴儿配方奶粉以及冰块等。当联邦紧急事务管理局的官员还在思考应该如何征用各种补给品的时候,沃尔玛的门店经理们已经启用了手动记账系统来记录提供给先遣救援队的各种物资,其中包括食品、睡袋、卫生纸,还有像短柄小斧、绳索和靴子这样的救援设备。10 米高的暴风潮席卷了一家门店,待洪水退去后,这家门店的经理助理开了一辆铲车进入店里,把所有能够抢救出来的物资搬到停车场上进行分发。当得知一家医院药物短缺的时候,她再次冲到店里的药品柜台,把可以用的药物都取了出来。后来,她所做的一切得到了公司高层的称赞。

沃尔玛的高层把工作重点放在设定目标、监控进度以及保持和一线员工及政府机构的联络上。也就是说,在应对这一极端复杂的危机时,他们没有发布具体的指令。 由于情况出乎意料,而且瞬息万变,所以,他们努力确保人们能够及时有效地进行沟通。沃尔玛的救援团队甚至包括来自红十字会的成员(美国联邦政府拒绝参加沃尔玛的救援团队)。公司还为员工开设了 24 小时呼叫中心,这个中心一开始只有 8 名接线员,但由于话务量不断攀升,接线员的数量很快就增加到 80 位。

在尽可能彼此协调、救助他人这一共同目标的指引下,沃尔玛的员工自创了许多了不起的办法。他们在市里设立了 3 个移动药店,并计划免费为有紧急需要的灾民提供药品,即便没有处方也没有关系;他们还设立了服务点,为持有工资支票和其他各类支票的人们兑换现金;他们甚至开设了临时诊所,为灾民接种预防灾后疫情的疫苗。最了不起的是,仅仅在飓风登陆两天之后,公司的物流团队已经想办法让一辆辆满载着食品、饮用水和救援设备的卡车绕过重重障碍,到达迫切需要援助的灾区。他们在政府救援力量到达灾区的前一天,就把水和食物送到灾民甚至是美国国民警卫队的手里。**在整个救援过程中,沃尔玛总共运送了 2 498 集装箱救援物资,并为灾民和指挥中心捐赠了价值达 350 万美元的物资。**

后来，杰斐逊县（Jefferson Parish）县长亚伦·布劳萨德（Aaron Broussard）在接受电视采访时说："如果美国政府也能像沃尔玛那样做出及时响应，这场灾难就不会造成这么巨大的损失了。"

我们需要自由和协调

我们应该从以上故事里吸取什么样的教训呢？对于这个问题，人们可能并没有想清楚。有些人认为，在处置这类极端复杂的情况时，私营部门比公共部门更加高效。但事实并不像他们所说的那样。沃尔玛的确是一个成功案例，但也能找出一大堆没有做出恰当响应的大公司——当地的公用事业企业无法修复通信线路和电网，而石油公司根本没有为这么大的灾难储备足够的原油，他们的炼油能力也跟不上。当然，政府部门也并非一事无成。比如，在灾难发生后的几天里，新奥尔良当地的警察和消防队员虽然缺乏各种救援设备，但是他们组织很多体格健壮的志愿者，用平底船从水中、房顶上和阁楼里救出了 62 000 多人，这是非常了不起的。

我们从中真正应该吸取的教训是，由于极端复杂问题往往不可预测，这类问题的解决超出了个人能力的范围。所以，事无巨细都由核心层、最高层来决定的做法是注定要失败的。人们需要行动和适应的余地。但是，即便有再多的人手，如果他们彼此孤立，取得成功也只能是异想天开，因为这种情况无异于无政府状态。**为了获得成功，我们要把一些看似相互矛盾的元素结**

> **清单宣言** THE CHECKLIST MANIFESTO HOW TO GET THINGS RIGHT
>
> 由于极端复杂问题往往不可预测，这类问题的解决超出了个人能力的范围。所以，事无巨细都由核心层、最高层来决定的做法是注定要失败的。

合起来，它们就可以自由和协调，而我们需要不断跟踪各项工作的进度。

建筑行业从业人员对于应对极端复杂问题的理解就很深入。更了不起的是，他们将这一理解转变为简单易行的清单，把对复杂性的管理纳入平时的例行工作之中。

这需要他们在一对对矛盾之中寻找合适的平衡点，如自由和纪律、个人发挥和标准程序、专业技能和集体协作。为了用清单达到上述平衡，他们设计出两种截然不同甚至几乎对立的清单。**他们使用一整套清单来确保那些看似简单但十分重要的步骤不被人们忽略，而用另一套清单来确保人们充分沟通，互相协调，承担责任，并赋予他们权力，让他们用所知的最佳方法来解决瞬息万变和出人意料的问题。**

从卡特里娜飓风和建筑行业的通行做法，我们可以知道：**在极端复杂的情况下，清单不只有助于成功，而且还是人们获得成功所需的必要条件。**当然，主观判断也是不可或缺的，但是我们需要使用清单来协助主观判断，甚至用清单来提高主观判断的质量。

清单，安全与高质量服务的关键

茅塞顿开的我开始意识到清单无处不在。你可以在职业足球教练那里找到它们，也可以在炫目的舞台上发现它们的身影。我曾在广播中听到这样一个有趣的故事。

> **THE CHECKLIST MANIFESTO**
> How to Get Things Right
> 清单革命在行动·演出清单

故事的主人公是著名摇滚乐手大卫·李·罗斯（David Lee Roth），他是范－海伦（Van Halen）乐队的主唱之一。每次签订巡演合同的时候，罗斯都会坚持在合同中包含这样一个条款：后台化妆间里必须摆放一碗 M&M's 巧克力豆，而且里面不能有一粒棕色巧克力豆。这一点如果主办方没有做到的话，演唱会将被取消，而且主办方还要对乐队进行全额赔偿。至少有那么一次，范－海伦乐队因为上述原因霸道地取消了科罗拉多的一场演唱会，原因是罗斯在化妆间里找到了棕色的巧克力豆。有人或许会认为大明星总是喜欢摆谱，提出不近人情的苛刻要求。但其实不然，这是罗斯用来保障演唱会安全的一块试金石。

罗斯在其自传《来自热浪的疯狂》（*Crazy from the Heat*）一书中写道："范－海伦是第一支将演唱会开到偏远城市的乐队。我们的设备足足装了 9 辆 18 轮卡车，而一般的演唱会只需要 3 辆卡车就行了。工作人员一不留神就会犯技术错误，比如横梁因为无法负重而倒塌，地板也会因为不堪重负而塌陷，还有舞台的门不够大，舞台置景无法通过。演出的合同附文读起来就像是看黄页一样，因为设备实在是太多了，调试安装工作需要大量人手。"为此，他们设计了一个小测试，也就是合同附文的第 126 条那个关于巧克力豆的条款。罗斯写道："如果在后台放置巧克力的碗里发现了棕色巧克力豆，我们就会对各项装配工作进行逐一检查。我保证会发现技术错误，会碰到各种各样的问题。"这些可不是鸡毛蒜皮的小事，一些错误会威胁到人们的生命安全。就拿那次被取消的科罗拉多演唱会来说吧，乐队发现当地主办方没有仔细阅读有关舞台重量的要求。如果演出如期进行的话，舞台完全有可能在演出中坍塌。

"大卫·李·罗斯也用清单！"我对着收音机大喊。

我还找到乔迪·亚当斯（Jody Adams）来检验我的理论，也就是使用清单是否必要。亚当斯是里阿尔托意大利餐厅（Rialto）的主厨和老板，这家餐厅是我最喜欢的波士顿餐厅之一。在20世纪90年代，亚当斯被《美食与美酒》杂志（Food and Wine）评为美国十佳新秀厨师之一，并于1997年获得詹姆斯·比尔德基金最佳厨师奖（James Beard Foundation Best Chef），这一奖项相当于美食界的奥斯卡。里阿尔托经常登上全美最佳餐厅的榜单，《绅士》杂志（Esquire）最近刚刚将其列入榜单。亚当斯的专长是意大利风味。当然，她对菜谱做了不少革新。

亚当斯自学成才，她在布朗大学（Brown University）学的是人类学，也从未上过厨师学校。但她说自己对做菜很感兴趣，于是就去了一家餐厅打工。她从切洋葱学起，一步一步，直到创造出自己的厨艺风格。

里阿尔托餐厅的菜非常精美，色香味俱全，而且多年来一直保持着非常高的水平。我很想知道亚当斯是怎么做到的。我很清楚像汉堡王和塔可钟（Taco Bell）这类快餐连锁店是如何在全球范围内进行标准化运营的。这些店里的每一种食品都是根据既定规程，用流水线生产出来的。但在大饭店里，厨师要对菜谱不断进行改进和雕琢，每一道菜都是不同的。而且，他们要日复一日、年复一年地保持高水平。要知道，他们晚上最多要接待300多位顾客。我为这一完美的表现找到了一种理论，但这一理论真的说得通吗？于是，我接受了亚当斯的邀请，来到她的餐厅进行实地考察。

清单革命在行动·餐饮业

那是一个周五的晚上，我整晚都坐在凳子上看厨师们忙忙碌碌。餐厅的厨房很狭长，厨师们的喊叫声和煎炸烧烤发出的嘶嘶声混杂在一起，好不热闹。那晚，亚当斯和她的员工要在5小时内接待150多名顾客，为他们提供几十种美味食品。

亚当斯手下的厨师技艺都非常高超，他们中有一半人接受过厨师学校的专业培训，大多数人都有10年以上的工作经历。这些厨师各有分工，有的只做面点，有的负责烘焙，你还能在他们中找到烧烤厨师、煎炸厨师、甜点厨师、副主厨和酒侍。多年来，他们让自己的技艺变得日臻完美。他们所做的大部分工序我实在是搞不清楚。即便我是个外科医生，他们也不会让我动他们的刀。

在人们的印象里，烹饪靠的是技巧和创意。现如今，厨师已经成了风云人物。他们的大胆发挥是厨艺比拼节目大受欢迎的重要原因，但我在里阿尔托看到的却是严明的纪律，而不是光鲜亮丽的外表和天马行空的发挥。**厨房的正常运转需要的是纪律，而清单又在其中起到了关键作用。**

第一张清单就是菜谱，这是最基本的清单，每道菜都有。菜谱打印出来后要塑封，然后放置在每个操作台上。亚当斯将这些菜谱奉为"圣经"，并要求下属严格执行。她说："遵从菜谱对于长期维持高质量服务是至关重要的。"

甜点操作台的旁边挂着一块告示板，上面贴着被亚当斯称为"厨房批注"的条子，这其实是她发给员工的一些关于食品质量的电子邮件。最近的一封是前一天夜里00:50发出的，上面写道："油炸馅饼要多放些香料和大蒜，做得更加松

> **清单宣言**
>
> 菜谱是最基本的清单。遵从菜谱对于长期维持高质量服务是至关重要的。

软些；穗丝要用玉米做；奶油玉米浓汤要放在椭圆形的盘子里，不要放在方形的盘子里；蘑菇汤要多放点葱蒜和马沙拉白葡萄酒。记住：按照菜谱操作！"

厨师们并不总是喜欢按照菜谱进行操作。对于一个做了几百次奶油玉米浓汤的厨师来说，他会觉得整个制作过程自己早就已经烂熟于心了，不需要再按部就班了。但亚当斯却认为，这时候菜肴质量水平就会开始下滑。

当然，这些菜谱并非一成不变。我所见到的菜谱在页边上都写了一些改动意见，其中有许多都是亚当斯的下属提出的，他们有时候甚至会重新做一张菜谱。

那时候亚当斯新开发出一道菜：将整只龙虾一分为二，淋上干邑以及加入小圆蛤和西班牙香肠的鱼汤。这道菜被收入了茱莉亚·蔡尔德（Julia Child）的著名菜谱中。不过，在把新菜写上菜单之前，亚当斯总是会让厨师们试做几次以充分暴露问题。亚当斯的菜谱要求厨师把龙虾一分为二，然后用橄榄油小火慢煎，但菜肴的质量总是不能精确控制，龙虾要么没煎透，要么煎过火了。此外，这道菜的调味酱要根据顾客的要求定制，但这道工序需要的时间太长了，而顾客一般只能等 8～10 分钟。

所以，亚当斯和其他两位厨师对制作工序进行了改进。他们决定事先做好调味酱，并将龙虾煮成半熟。一次又一次的尝试让这道菜变得越来越完美，菜谱也重新写了一遍。

此外，他们还为每位顾客准备了一张清单。每当顾客点餐的时候，厨房就会打印出一张纸条，上面写明了顾客点的菜肴、顾客的桌号、座位号、顾客特地关照的注意事项或数据库中记录的相关事宜，如顾客是否对特定食物过敏、牛排要几分熟、当天是否是顾客的生日、是否有贵宾到场，需要亚当斯出去打个招呼等。作为厨房运营现场指挥的副主厨会把每张条子都大声朗读出来。

"蘑菇汤现做。莫泽雷勒干酪现做。龙虾等一等。不加面筋的十分熟牛排等一等。"

"现做"意味着这是第一道菜，而"等一等"则意味着这是第二道菜。而且这位顾客对谷蛋白过敏，所以牛排里不能加面筋。负责操作的各位厨师在听到顾客的要求以后要进行重复，以确保他们接收到的指令准确无误。

"蘑菇汤现做。莫泽雷勒干酪现做。"一位厨师重复道。

"龙虾等一等。"海鲜厨师喊道。

"不加面筋的十分熟牛排等一等。"烧烤厨师喊道。

和建筑行业一样，在厨师这个行当里，并不是每件事情都能被简单地写进菜谱。所以，亚当斯也开发了沟通清单，以确保大家在面对意料之外的问题时能够像一个完整的团队一样沟通协作。每天下午5：00，也就是离饭店开门迎客还有一个半小时的时候，当值厨师会聚在一起召开一个碰头会。他们要简短地讨论一下事先没有料到的问题，并以此来应对这些复杂问题的不确定性。在我访问的那天晚上，他们在开会的时候讨论了当天顾客的预定菜单，对菜单进行了两处修改，想办法为一名请病假的员工补缺，还为一个突发情况制订了应对方案。这个突发情况是这样的：当天会有20几个女孩来餐厅开生日派对，但她们在路上被堵住了，预计到达的时间正好是餐厅的营业高峰，厨师们可能会忙不过来。在开会的时候，每个人都能发言，而且大家会共同商讨行动计划。

当然，这些举措还是不能确保不出任何问题。汤可能装盆太早了，等到上菜的时候已经凉掉了，鹌鹑的调味酱料可能不够了，鲈鱼可能烤得太干了。所以，亚当斯还设置了最后一道检查：每道菜在被端出厨房之前都必须经过她或副主厨检查。他们要确保菜肴看起来没有问题，要核对顾客的订单，要闻一闻，或许还要用干净的勺子舀一勺尝一口。

我数了数，至少有5%的菜被退了回去。副主厨对煎炸厨师说："这盘鱿鱼要炸得再熟一点，炸得再金黄一点。"

待考察完毕后，我终于有机会坐下来品尝一下美食了。我点了炸橄榄、烤蛤蜊、夏日玉米粥、当地农场的绿色沙拉，当然还有美

味的龙虾。这些菜的味道实在是鲜美至极。离开餐厅的时候，我的胃里塞满了食物，但我的大脑还在飞速运转。亚当斯的厨艺更像是一门艺术，而不是一门科学。**但即使在这个高度专业化、分工细致并且需要高超手艺的行业里，人们还是离不开清单。**我收集到的各项证据都指向相同的结论，我找不到清单没有用武之地的行当或职业。对于我的工作来说，这一论点或许同样适用。

THE CHECKLIST MANIFESTO
How to Get Things Right

第 5 章
简单至上
清单要素的选择机制

● 每年，全球至少有 700 万人在术后残疾，至少有 100 万人没有走下手术台。如果我们把不同阶段的清单合并成一张清单来执行，是不是可以减少残疾和死亡？

● 从来没有全面的高效，从来没有一张清单能涵盖所有情况，冗长而含糊不清的清单是无法高效并安全执行的。清单要素的遴选，必须坚守简单、可测、高效三大原则……

一切为了安全和正确

2006年下半年的时候，我接到一个来自日内瓦的电话，打电话的是一位操着英国口音的女士。她自称是来自世界卫生组织的工作人员，她说给我打电话是想问我能否帮助他们组织一批专家解决一个小问题。他们收集的数据显示，全世界的外科手术数量正在不断增加，而其中有很大一部分没有达到安全标准，会给病患造成生命危险。所以，他们想设立一个全球性的项目，以尽量减少手术中可以避免的死亡和伤害事故。

> 我当时的回答是这样的："嗯，你们想怎么做呢？"
> "我们会召开一次会议。"她说。
> 我问他们会为这个项目投入多少经费。
> "哦，钱真的不多。"她说。
> 我拒绝了她。没有钱我可做不到，我很忙。
> 但是对方很清楚自己在干什么。她在电话里说了这么一句话："哦，对不起，我以为您是外科手术安全方面的专家，是我搞错了。"
> 于是，我同意为他们组织召开一次会议。

世界卫生组织从193个会员国那里收集了大量数据和报告，为他们工作的一大好处就是能够查阅和使用这些数据。在对现有数据进行整理之后，我的研究团队发现，世界卫生组织官员得出的结论是正确的。

> 在全球范围内，外科手术的数量正在飞速增长。到2004年，全球每年要实施2.3亿台大型手术。也就是说，每25人中就有一人要在一年内接受一次大型手术。而这一数量还将继续增长。大多数人都没有意识到，每年全球外科手术的数量已经超过了全球新生儿的数量。虽然大多数时候手术的进行是非常顺利的，但这并不意味着没有问题。

据估计，医院外科手术术后并发症的发病率在3%～17%的范围内。虽然手术的切口变得越来越小，病人恢复得越来越快，但手术的风险却依然很大。**每年，全球至少有700万人在术后残疾，而至少有100万人没有走下手术台。**手术造成的伤害，与疟疾、结核病及其他一些传统公共问题造成的伤害不相上下。

世界卫生组织是一个致力于解决大规模公共卫生问题的组织，而手术安全问题却非常具体，有着较高的技术因素。在分析完数据以后，我才明白，他们为什么会突然对这一问题感兴趣。近几十年来，全球各地的经济状况显著改善，人们的寿命越来越长，所以对大型手术的需求也就随之不断增加。需要接受手术治疗的疾病有很多，如癌症、骨折、其他创伤性损伤、分娩并发症、严重出生缺陷、肾结石、胆结石和疝气等。虽然还有20多亿处于贫困地区的人们无法接受手术治疗，但全世界手术数量飞速增长是一个不争的事实。所以，在世界各地，手术的质量和安全性就成了一个大问题。

但我们又能做些什么呢？在全球范围内减少外科手术造成的伤害，和开展根治脊髓灰质炎的运动可不能相提并论。我曾经跟随世界卫生组织的医生到世界各地看他们如何为当地的儿童接种疫苗。即使是这类看似简单的工作，在全球范围内开展起来也会变得困难重重。而外科手术更加复杂，即使是在一家医院里减少外科手术造成的损伤也不是一件轻松的事。而要想办法让全球各地的医院提高手术安全性，简直就是不可能完成的任务。要知道，外科手术有2 500多种，从脑组织活检到脚趾切除，从心脏起搏器植入到脾脏切除，再从阑尾切除到肾脏移植，你根本不知道应该从何处着手。我或许能够帮助世界卫生组织提高某种手术，如中心静脉置管插入的安全性，但这一小小的努力，对于全球手术安全性的提高又能有多少作用呢？

不是"无所不包"，而是简单、可测与高效

2007年1月，我们在日内瓦的世界卫生组织总部召开了为期两天的讨论会。参加会议的有来自世界各地的外科医生、麻醉医生、护士、安全专家，甚至还有病人。他们之中既有来自欧洲、加拿大和美国顶级医院的医生们，也有来自红十字国际委员会的外科医生。红十字国际委员会负责向世界各个遭受天灾人祸的地方，如摩加迪沙和印度尼西亚派遣医疗队伍，救治当地患病和受伤的难民。参加会议的还有一位来自津巴布韦的父亲，他的女儿在接受手术治

疗时不幸因为缺氧而窒息。在与会人士介绍各自的经历和发现之后，我对成功更加不抱希望了，我们怎么可能解决那么多地方的不同问题！

有一位40多岁的医生来自加纳西部，可可种植业和掘金业让当地百姓摆脱了贫困。这位医生为我们讲述了当地医院的状况，他说没有外科医生愿意待在那里。加纳面临着大量的人才流失，许多高级人才都到海外寻求发展。这位医生介绍说，他们当地的医院只有3位医生，而且全都是没有接受过外科手术专业训练的全科医生。但是，如果有病情十分严重的病人前来就诊，如因为难产失血过多而奄奄一息的产妇、因为患阑尾炎而高烧不退的病人，或因为交通事故而造成气胸的病人，那么这些医生将别无选择，只能硬着头皮为他们实施手术。

> 他说："你要知道，什么样的活儿我都要干，既要当儿科医生，又要当妇产科医生，还要当外科医生。"他的手上有一些教科书，还有一本介绍手术实施基本技巧的手册。他的一个助手并没有接受过专业训练，靠自学掌握了实施麻醉的技巧。他们医院的条件很差，没有高级医疗设备，手术常常会出问题。但他觉得尽力而为总比什么都不做要好。

一位来自俄罗斯的生物工程学家也在会上发了言。他职业生涯的很长一段时间，都花在了监督世界各地医院医疗设备的使用情况上。他发现，无论是在贫穷地区，还是在富裕地区，医疗设备的使用和维护都存在问题。他碰到过手术设备因维护不当而引发火灾或导致病人触电身亡的情况，碰到过医护人员因为没有接受恰当的培训而错误使用先进科技的情况，甚至还碰到过在病人生命垂危时急救设备却被锁在柜子里的情况。

蒙古最大一家医院的外科主任医师告诉我们，那里缺少止痛药物。而来自亚洲、非洲和中东地区的医生也反映了相同的问题。新西兰的一位学者则提到了贫困国家因为麻醉不当而导致手术死亡率居高不下的问题。虽然在非洲的一些地区，普通手术的死亡率小于1/5 000，但是非洲其他地区的手术死亡率要高出十多倍。**在多哥进行的一项调查显示，每150个接受手术治疗的病人，就会有一人因麻醉不当而丧生。**

一位来自印度的麻醉医生紧接着这个话题说开了，她认为之所以会出现这些问题，是因为外科医生不尊重麻醉医生。她说，在印度，外科医生会对麻醉医生大喊大叫，而且对麻醉医生提出的安全警告不屑一顾。看到这样的场景后，很多医科学生决定自己以后不当麻醉医生。而麻醉往往是手术过程中风险最大的一部分，但训练有素的高水平麻醉医生却并不多见。不过，来自爱尔兰的一位护士认为，麻醉医生的待遇还不是最差的，她认为在手术室里护士更不受尊重，医生们往往不把他们当成团队的一分子，不把他们放在眼里。他们提出的警告也往往被忽略。这位来自印度的麻醉医生得出这样的结论不只是因为她的个人经历，她还去过其他很多国家，在那些地方也看到了相似的情况。

✓ 一方面，与会人士一致认为，手术对于挽救世界各地人们的生命是非常重要的，应该尽可能多地增加人们接受

手术治疗的机会。即使是在最糟糕的医疗条件下，手术也常常能够挽救生命。而且在世界很多地方，术后严重并发症的发病率不算太高，大概在5%~15%之间。

✓ 但另一方面，即使术后并发症的发病率不高，但这一比例也是难以接受的，毕竟每个百分点意味着有数百万人因为手术而残疾或死亡。仅仅是在美国进行的研究就让我们看到，至少有一半的术后并发症是可以避免的。不过导致并发症的原因实在太多了，我们需要采取行动，但究竟应该从何做起呢？

有人提议开设更多的培训项目。但话一说出口，他们就觉得这个方案行不通。如果这样的问题在每个国家甚至每家医院都有，那我们就没有办法开展范围如此之广的培训来改变现状。我们既没有钱，又没有精力来办成这件事情。

我们讨论了激励计划。美国最近已经开始试验一些与绩效挂钩的激励计划。这些计划要求，如果医生一直按照标准程序进行诊疗，那么就能获得奖励。但如果他们不这么做，那就会受到惩罚。虽然这个办法有一点效果，但却并不明显。美国最大的一项此类计划，只是将术后并发症发病率降低了2~4个百分点。此外，这一举措的效果也不容易测量。医生往往是自己报告结果，所以数据的准确性无法得到保障。不仅如此，结果的好坏常常还与病人初始病情的严重程度有关。一些医生所进行的手术，其术后并发症发病率显著下降，但这可能是由于他后来治疗的病人病情没有先前那些病人那么严重造成的。所以，这个办法将耗费大量财力却收效甚微。我们实在是无法想象在全球范围内实施这一举措。

我们能够想得到的最简便的方法，就是以世界卫生组织的名义制定和发布一套手术安全标准。专家委员会经常这么做。这些指导方针往往无所不包，从预防手术感染的具体措施到促进培训和协作的具体方法，什么都有。这将成为我们的手术安全"日内瓦公约"和防止手术室混乱状况的"赫尔辛基协定"。但是，你只需在世界卫生组织总部地下室那个昏暗的过道里走一走，便会开始质疑这个计划。

> 我在地下抄近路往来于各幢建筑物之间的时候，发现地下室里放着许多托架，上面摆放的是一本本厚达两百多页的指导手册。这些手册是由其他专家小组精心编制的，它们堆放得很高，里面的内容无所不包。有的是关于如何预防疟疾的，有的是关于如何治疗艾滋病的，还有的则是关于如何控制流感的。这些手册都塑封好堆放在那里，上面积了厚厚的一层灰尘。毫无疑问，专家们为这些标准付出了很多心血，他们一定进行了许多思考，动了很多脑筋。其中的一些标准，的确有可能让相关的诊疗实践水平获得提升。但在大多数情况下，他们只是被分发到了世界各地。而在曼谷、布拉柴维尔、波士顿和布里斯班的医院里，医生们依然我行我素，对这些标准不理不睬。

我曾经向一位世界卫生组织官员提出如下问题：世界卫生组织是否为成功实施全球性的公共卫生项目制订过指导手册？这位官员看了我一眼，她的眼神让我觉得自己像个无知的孩童，我的想法就如同一个孩子在狗嘴里寻找发出狗叫声的东西一样：这个想法很可爱，但却十分愚蠢。

不过我还是四处寻找启示。我向世界卫生组织各部门的官员打听可以借鉴的公共卫生干预的成功案例。他们告诉我一些范例，其中就有天花疫苗全球接种运动。这项运动于1979年开始实施，并让全世界的人们从此免受天花的祸害。另一个著名的成功案例发生在1854年的伦敦，约翰·斯诺（John Snow）成功发现了一场霍乱疫情的爆发源头。

> 那年夏天，霍乱在伦敦的一个居民区爆发，在疫情开始后的3天时间里就有200多人死亡。人们惊恐万分，大部分居民纷纷逃离家园。但是疫情并没有结束，而是进一步恶化。第二周，又有500多人不幸病死。当时人们普遍认为，像霍乱这样的疾病是由瘴气造成的，但斯诺对这一理论提出了质疑。他在地图上一一标出所有病人的住址，发现这些记号散布在一个水源周围，那就是索霍地区（Soho）博德大街（Broad Street）的一口水井。他询问了死者的家属，调查了死者的生活习惯，并对可能的致病原因进行了详细的统计分析。最终，斯诺得出结论：是受污染的水源导致了霍乱的爆发。人们后来发现水井的附近有一个泄漏的化粪池。斯诺劝说当地政府移除了这口井的水泵把手。这样，人们就无法再饮用这口井的水了。此后，疫情渐渐平息下来。正是斯诺医生创立了流行病学调查的基本方法，直到今天，这些方法依然被广泛使用。

我发现这些成功案例有一些共同之处：**它们所采取的干预措施非常简单**，如接种疫苗和移除水泵把手，**这些举措的效果能被精确**

地测量，而且非常显著。用财务分析师的话来说，它们的投资回报率非常高。而在阿基米德看来，它们就如同杠杆一样。

切中要害的"关键点"在哪里

简单、可测、高效这三种特征让我想起了一项公共卫生研究，这是我最喜欢的研究之一。此项公共卫生计划是由美国疾病控制中心和巴基斯坦一个名叫希望（HOPE）的慈善组织共同实施的。这个项目旨在降低卡拉奇贫民窟儿童过高的夭折率。卡拉奇四周的贫民窟居住着400多万人，那里可能是世界上人口密度最大、居住条件最差的地方了。**多年的贫穷和食物短缺导致30%~40%的儿童营养不良。街道污水横流，几乎所有水源都被污染了。每10个孩子中会有1个活不到5岁，主要死因在于腹泻和急性呼吸道感染。**

这个问题不是一时半会儿可以解决的，而且导致这一问题的原因有很多，除了供水系统和排污系统不完善以外，当地居民不识字也是一个重要原因，他们学习基本卫生知识非常困难。由于当地政治不稳定，腐败问题、官僚问题严重，所以很少有人愿意在那里投资兴业，当地居民也就很难找到工作，很难挣到钱来改善自己的生活条件。全球农产品价格持续走低，这让很多农民无法维持生计，成千上万的人涌向都市，寻找工作，这更加剧了贫民窟的拥挤程度。在这种情况下，除非社会和政府发生自上而下的重大变革，我们很难想出办法来改善当地儿童的卫生状况。

终于，一个年轻的公共卫生工作者想出了一个主意，此人便是在内布拉斯加州奥马哈长大的斯蒂芬·卢比（Stephen Luby）。他的

父亲在克雷顿大学（Creighton University）妇产科任教，他自己曾经在得州大学西南医学中心学习。不知是出于什么原因，他总是对公共卫生问题非常感兴趣。后来，他在疾控中心找到了一份工作，负责对南卡罗来纳州爆发的疾病进行流行病学调查。当美国疾控中心在巴基斯坦设立办公室并招募员工的时候，他毫不犹豫地报了名。后来，他和身为教师的妻子一起来到了卡拉奇。卢比于20世纪90年代后期开始发布有关当地卫生医疗状况的调查报告。

我曾经问卢比他是怎么想出这个主意的。他说："如果当地也有像奥马哈那样的供水系统和污水系统，那么我们就能够解决问题。但是，你可能要等上几十年时间，这些重大的市政工程才会完工。"所以，他开始寻求技术含量低的解决方法。**他想出来的方法非常不起眼。在他同事的眼里，这个想法甚至非常可笑，那就是使用香皂。**

清单革命在行动·医疗业

卢比打听到一个消息：日用消费品巨头宝洁公司刚刚研发出一种新型的抗菌舒肤佳香皂，他们迫切地想要证明这种新产品的功效。虽然卢比的同事对他是否能够成功没有信心，但他还是说服了宝洁公司提供研究资金，并且提供成箱含有和不含三氯卡班消毒成分的舒肤佳香皂。卢比在卡拉奇的贫民窟里随机挑选了25个居民区，来自"希望"慈善机构的志愿人员每周都会在这些地方走街串巷，发放香皂，其中一些是含有新型消毒成分的香皂，而另一些则是一般的香皂。他们鼓励人们在6种情况下使用香皂：

每天用香皂洗一次澡；每次大便之后、擦拭婴儿的时候，或在吃饭、做饭之前，以及给他人喂食之前，都要用香皂洗手。随后，志愿人员在测试地区收集当地儿童疾病发病率的相关信息，再收集11个控制组地区的相关信息进行参照对比。而志愿人员在这11个地区并不分发香皂。

《柳叶刀》杂志（Lancet）于2005年发表了一篇里程碑式的论文，卢比和他的研究团队在这篇论文里报告了他们的研究成果：在一年时间里，住在试验居民区的家庭平均每周能够得到3.3块香皂。在这段时间里，**无论试验区的居民使用何种香皂，当地儿童的腹泻发病率都比控制组低52个百分点，肺炎发病率下降了48个百分点，而脓疱疹这种皮肤细菌感染的发病率下降了35%**。他们取得的结果让人感到非常震惊。要知道，当地的穷人不识字，居住地十分拥挤，而且不管他们使用何种香皂，他们的饮用水和清洗用水都是受到污染的。

具有讽刺意味的是，宝洁公司认为研究结果非常令人失望。因为添加了消毒成分的香皂并不比普通香皂更加有效，普通香皂就能达到非常理想的效果。虽然贫民窟各方面的条件都非常糟糕，但使用普通香皂的效果的确让人啧啧称奇。

卢比告诉我说，**这个项目的成功秘诀就在于，香皂不仅仅是香皂，它还改变了人们的行为**。因为志愿者并不只是分发香皂，他们还通过分发宣传册或口述向人们说明应该在哪些情况下使用香皂。这一点是至关重要的。如果你仔细查看数据就会发现一个惊人的事实：无论是在实验组居民区还是在控制组居民区，在研究刚开始的时候，每个家庭平均每周的香皂使用量并不是零，而是每周两块，也就是说，他们早就开始使用香皂了。

那么，这项试验到底改变了什么呢？卢比告诉我，有两件事情发生了变化。**首先，人们不再因为经济拮据而少买香皂**。住在那里

的人们并不觉得香皂很贵，大多数家庭都会购买香皂。但是光购买还不够，我们希望他们能够经常使用香皂。这项试验让当地的贫困居民不再为香皂而过多考虑经济问题。**其次，这个项目让人们学会了更加正确地使用香皂**。这一点也是非常重要的。

在巴基斯坦、孟加拉国和其他南亚地区，卢比和他的团队对人们的洗手行为进行了研究。他们发现，几乎每个人都会在大便后洗手。他说："南亚的人民很爱干净。"即使洗手的地方离得很远，在80%的情况下，人们还是会跑过去洗手。这一数据会让大多数在机场如厕的人感到汗颜。但研究人员发现，当地居民洗手往往不够充分，他们要么洗得太快了，要么只洗大便后的手，或者是用灰或泥土，而不是用清水和香皂进行清洗。

卢比的这项试验的确改变了人们的行为。志愿者在当地教人们如何正确洗手，教他们要把手充分打湿，均匀地涂抹香皂，用较长时间搓手，最后还要把香皂泡沫冲洗干净，而且不要用衣服来擦洗干净的手。志愿者还教当地居民，在他们原本不习惯洗手的时候也要洗手。

卢比解释说："当地的人们本来并不习惯在做饭之前，或在给婴儿喂食之前洗手。"香皂本身也是一个关键因素，卢比说："宝洁公司提供的香皂非常好闻，而且比当地人平时购买的香皂更容易起泡，人们很喜欢用它来洗手。跨国公司真的很注重顾客的消费体验。而公共卫生部门的官员往往不注重这一点。"还有，人们喜欢从志愿者那里获得免费的香皂，他们将其视为礼物，而且志愿者们不会对他们指手画脚。**当地居民收到的不只有礼物，而且还有能够改善他们生活质量并大幅减少疾病发生的基本理念**。

促进有效的执行与有效的分权

在回顾这次试验的时候我欣喜地意识到，这不只是一项关于香皂的研究，而且还是一次关于清单的研究。我想知道的是，在解决手术安全问题的时候，清单是否也能像香皂那样简单、廉价、有效，而且能广为传播。手术安全问题涉及很多方面，虽然要开发出简单有效的、能够在全球范围内解决这一问题的清单还需要很长时间，我也不确定是否真的能够开发出这样的清单，但是当这一建议在会上被提出的时候，其他与会人士却对此做出了积极的响应。

有人提到了哥伦布儿童医院（Columbus Children's Hospital）的成功做法。他们开发出了旨在减少手术感染的清单。感染是儿童手术中最常见的并发症之一，防止感染最有效的方法除了正确使用消毒技巧外，**就是在医生切开病人皮肤前 60 分钟内的窗口期为病人注射预防性抗生素。**

> 注射的时机是非常关键的，待医生下刀后再注射就晚了，但如果注射得太早，等到手术开始的时候，药力就会减退。研究显示，如果抗生素注射的时机恰到好处，那么仅仅是这一项举措就能将感染的风险降低一半。就算是在切开病人皮肤 30 秒之前匆匆为其注射抗生素，人体的循环系统也有足够时间将药物输送到即将被切开的组织中。

但是，这个关键步骤常常被忽略。2005 年，哥伦布儿童医院对各项手术记录进行了检查。他们发现，有 1/3 以上接受阑尾切除术

的患儿没有在正确的窗口期注射抗生素，有的注射得太早，有的注射得太晚，有的则根本没有注射。

这看起来是非常愚蠢的错误，给病人注射抗生素能难到哪里去呢？即便是医学院的学生都不会认为医院会在这种地方犯错，但事实确实如此，在病人被推入手术室的时候，医护人员往往手忙脚乱，最可能被他们忽略的就是这种不起眼的步骤。

给病人注射抗生素应该是麻醉医生的职责。而在那个时候，他们最关心的是如何让病人安全而平静地入睡。对于一个赤身裸体、躺在冰冷的手术台上的8岁儿童来说，这可不是一件简单的事情。因为手术室里满是陌生人，这些人将要切开他的身体，这会让他感到十分害怕。手术室里的意外状况和干扰因素还有很多，比如，设备会发生故障（"那个红色警示灯应该这么一闪一闪吗？"），再比如病人突然哮喘发作，或者急救医生传呼主刀医生，让他马上赶到急救室。当这些情况发生的时候，像注射抗生素这样的步骤就很容易被遗忘。

THE CHECKLIST MANIFESTO
How to Get Things Right
清单革命在行动·医疗业

哥伦布儿童医院的外科主任不仅是一位小儿心脏手术专家，而且曾经还是一名飞行员，他决定借鉴航空业的做法来解决这一问题。他专门为外科医生设计了一份"准许起飞"清单，并将其贴在手术室的白板上。清单上列出的内容非常简单，在手术开始之前，护士要督促手术团队执行检查程序，并口头确认病人的身份和手术具体部位，这些是医护人员在手术开始前本来就要做的事情。不过，这张清单还包括了一个检查项，那就是确认已经给病人注射了抗生素。或者，手术团队已经确认病人没有必要使用抗生素。

这张清单上就是这些内容。但是，要想让手术团队停下来执行检查程序，并将其变成一种习惯，却不是一件容易的事情，仅仅是设置这些检查项目并不会起到多大的作用。所以，这位外科主任将外科医生、麻醉医生和护士召集起来，并向他们详细说明这么做的原因。

他还做了一件看似奇怪的事情。他设计了一个金属小帐篷，上面刻着"准许起飞"这几个字，并且将其放置在手术器械套件中。这个帐篷有15厘米长，正好可以把手术刀盖在下面。护士必须在手术开始前将这个帐篷放置在手术刀的上面。这样，手术团队就会记得执行检查程序。还有一件事情也非常重要，在护士同意手术开始，并将帐篷拿开之前，外科医生不能下刀。这是一个微妙的变化，一张小小的清单起到了分权的作用。

清单的力量 | THE CHECKLIST MANIFESTO
HOW TO GET THINGS RIGHT

> 哥伦布儿童医院外科主任对清单的效果进行了评估。3个月以后，89%接受阑尾切除术的患儿在手术前及时注射了抗生素。10个月之后，这一比例达到了100%。使用清单成了一种习惯，而且大家对其中的一点达成了共识，那就是在必要的步骤完成之前，任何一个手术团队成员都可以叫停手术。

没有一张清单能涵盖所有的意外

虽然被这个故事深深吸引，但我还是心存疑虑。不错，清单的使用的确让这家医院在手术实施过程中的某个方面得到了显著改善，我很愿意相信他们的手术感染率因此而显著下降。但是，如果我们

想让术后并发症的整体发病率也显著下降，那么就必须找到一种综合性的方法，以避免医护人员在手术过程中犯各种各样的错误。

最后，多伦多大学（University of Toronto）外科医学系主任理查德·雷兹尼克（Richard Reznick）发了言。他说，他的医院开发了一种范围更广、包括21个检查项目的手术清单，并且完成了这一清单的可行性测试。这张清单旨在帮助外科手术团队避免手术过程中可能发生的各类错误。医护人员要对各个检查项逐一进行口头确认，如是否给病人注射了预防性抗生素，血库是否准备好了病人可能需要的血袋，重要的扫描和化验报告是否在手术室里，以及特殊的医疗设备是否已经就位等。

这张清单还规定，手术团队在手术开始之前必须进行"团队简报"。他们要花一些时间就一些重要事项进行交流，如手术的预计时间有多长，病人的失血量可能是多少，病人是否有其他疾病或需要注意的事项。

雷兹尼克从未听说过建造大师退出历史舞台的故事，但是他本能地想到了建筑行业的解决方法，即通过任务检查和沟通检查来应对越来越复杂的问题。 对此，其他一些专家也表示了赞同。

> 一位来自约翰·霍普金斯大学的胰腺外科医生马丁·马卡里（Martin Makary）给我们看了一张含有18个检查项目的清单。在过去的5个月中，他们医院有11名医生参与了这张清单的测试。还有一些专家来自加利福尼亚州的凯泽医疗集团（Kaiser），他们开发的清单有30个项目，比多伦多大学和约翰·霍普金斯大学的清单诞生得更早。但是，上面提到的这些清单都遵循相同的设计理念。

世界各地手术死亡的主要原因不外乎下列4种，它们分别是感染、出血、不彻底的消毒和意外。对于前3种致死原因，科学和经验已经为我们提供了一些简单而有效的预防措施。我们自认为这些举措一直实施得很好，但事实并非如此。不过，这只是一些简单的错误，经典的清单对于它们非常有用。所以，上述清单都包含了针对这3种致死原因的检查项目。

但第四种致死原因，也就是意外，与前3种截然不同。这类错误源于手术本身的复杂性。毕竟，我们要给病人开膛破肚，去除他们体内的病灶。不过，这些清单的开发者似乎都清醒地意识到一点：**没有一张清单能够涵盖所有意外情况**。所以他们一致认为，当此类情况发生时，**最有效的解决方法是让医护人员停下来，进行充分的交流，让他们像团队一样，共同对每个病人面临的独特潜在威胁做出判断**。

> **清单宣言** | THE CHECKLIST MANIFESTO
> HOW TO GET THINGS RIGHT
>
> 团队在开始工作之前，必须进行"团队简报"，就一些重要事项进行交流。

也许这一切看起来都是明摆着的事情，但清单的使用意味着传统手术实施方式发生了重大变革。人们以前把手术看作是个人表演，外科医生就像钢琴演奏家一样，是演奏大师。所以手术室在英语里不仅叫作"operating room"，还可以叫作"operating theater"（剧院）。后面这种叫法不无道理，因为手术室就是外科医生的舞台。外科医生在灯光下走上舞台，病人静静地躺在手术台上，辅助人员各就各位，大师的精彩演出就要开始。

现在，外科手术变得越来越复杂，外科医生认为自己也随着手术的发展而不断改进。我们自认为手术室里的医护人员已经能够像一个真正的团队一样互相协作，但令人尴尬的是，研究发现，其他

手术团队成员常常不清楚病人可能会面临什么风险，不清楚自己应该为哪些可能出现的问题做好准备。他们有时甚至不清楚为何要进行某一台手术。在一项调查中，研究者对300位刚刚进行完手术的医护人员进行了访问。结果每8个被访者中就有一人报告说，直到主刀医生下刀时，他们才知道手术的具体部位在哪里。

布莱恩·塞克斯顿（Brian Sexton）是约翰·霍普金斯大学心理学的领军人物。他所做的一系列研究揭示了这样一个严酷的现实，那就是现在的手术团队距离成为真正的团队还有很长的路要走。在一项研究中，他对来自5个国家的1 000位手术室医护人员进行了调查，这些国家分别是美国、德国、以色列、意大利和瑞士。研究发现，虽然有64%的被访外科医生认为团队的合作质量很高，但只有39%的麻醉医生和28%的护士也持一致观点，麻醉科住院实习医生也这么想的比例更小，只有10%。塞克斯顿还发现，每4个外科医生中就有1人认为，资历较浅的团队成员没有资格质疑资历较深的外科医生所做出的决定。

清单宣言 THE CHECKLIST MANIFESTO HOW TO GET THINGS RIGHT

> 进行有效团队合作的阻力来自"事不关己，高高挂起"的消极态度。细致的分工让团队成员只关心自己手上的事情，而对其他成员碰到的问题不闻不问。

进行有效团队合作的最大障碍其实不是偶尔暴跳如雷、挥舞着手术刀、让人胆战心惊的外科医生。不错，有些外科医生的确做得比较过火。但实际上，进行有效团队合作的更大阻力来自"事不关己，高高挂起"的消极态度。细致的分工让团队成员只关心自己手上的事情，而对其他成员碰到的问题不闻不问。殊不知，无论是在手术即将开始的时候，还是满载乘客的飞机滑向跑道的时候，或者是数百米高的摩天大楼拔地而起的时候，这种想法都是非常危险的。而这个问题在医疗行业尤为突出，我在自己的手术室里就碰到过。

> 几年前，当我还是一名实习医生的时候，在一次手术中，一位资深的外科医生突然对我身边的另一名住院实习医生大发雷霆，因为这位实习医生对他的手术计划提出了质疑，所以他命令这个没大没小的家伙离开手术台，站到墙角去好好面壁思过。但这位实习医生拒不从命，所以那个脾气暴躁的前辈就把他赶出了手术室，还以犯上为理由，劝说院方给予那个实习医生停职处分。

对于某些工作来说，团队合作可能的确是非常困难的。在极端复杂的情况下，我们不得不依靠分工和各自掌握的专业技能。就拿手术室来说吧，你能在那里找到主刀医生、助理医生、助理护士、巡回护士和麻醉医生。他们在各自的专业领域里都是大师，每个人都接受了多年训练，这些训练就是要让他们成为专家。但是，他们不应该割裂地看待各项任务，认为只要把自己分内的工作做好就行了，而应该为了更好地实现团队目标贡献自己的力量。这就要求我们想方设法把看似独立的任务有机地衔接起来，并不断学习用团队协作的方式来应对各种可能发生的问题。

我曾经认为和谐的团队合作是可遇而不可求的。我偶尔会碰到这样难得的经历，每

清单宣言 THE CHECKLIST MANIFESTO HOW TO GET THINGS RIGHT

> 我们不应该割裂地看待各项任务，认为只要把自己分内的工作做好就行了，而是应该为了更好地实现团队的目标而贡献自己的力量。

个人都开足马力,通力合作,积极面对各种困难,整个团队就像一个人一样。

清单革命在行动·医疗业

有一次,我为一个80岁的老人实施急救手术。在此之前一周,他刚刚做完心脏手术,而且恢复得很好。但在前一天晚上,他的腹部突然开始剧烈疼痛。到了早上,疼痛感进一步加剧了。我到普外科病房探视这位病人,只见他躺在病床上,身体因为疼痛而蜷作一团。他的心跳超过每分钟100次,而且心律不齐,血压也已经开始下降。每当我触碰到他腹部的时候,他都疼得好像要从床上蹦起来一样。

他很清楚自己出了大问题,但他似乎并没有感到害怕。

"我们该怎么办?"他咬着牙问我。

我告诉他,很可能有一个血凝块阻断了他的肠道动脉供血。这种情况就和中风一样,只不过被切断供血的不是脑部,而是肠道。没有了新鲜血液,他的肠道会坏疽,还会破裂。如果不动手术的话,命就保不住了。但就算是动了手术,也未必能挺过去。这类手术的存活率只有50%左右。即使他能走下手术台,等待他的也可能会是很多严重的并发症。他可能需要用呼吸机呼吸,或用插管进食。这个病人已经动过一次大手术,身体非常虚弱,而且年事已高。我问他是否愿意再动一次手术。

他给出了肯定的回答,但希望我能先和他的妻儿取得联系。我打电话通知了他们,他们也同意动手术。于是,我打电话给调度台说明了情况,让他们马上为我准备好手术室和手术团队,找谁都可以,只要把人凑齐了就行。

在一个小时之内,病人就被送进了手术室。当医护人员在那里集结并准备开始工作的时候,我觉得一个真正的团队正在形成。巡回护士杰(Jay)

向病人做了自我介绍，并向病人说明在场每一个人的职责。手术助理护士史蒂夫（Steve）已经穿上了手术衣，戴上了无菌手套，站在无菌手术器械旁做好了准备。高级麻醉医生郅（Zhi）正在和他指导的住院实习医生索尔（Thor）进行交流，他们一边准备药物和器械，一边检查手术计划是否有问题。实习外科医生若阿金（Joaquim）手拿导尿管站在我的身旁，待病人入睡后，他会立刻将导尿管插入病人的膀胱。

时钟嘀嗒嘀嗒地走着，我们耽搁得越久，病人坏死的肠子就会越多，病情会变得越来越重，而他的生存希望也会随之变得越来越渺茫。在场的每一位医护人员都清醒地意识到了这一点，这不是一件容易做到的事。真正做到换位思考，急病人之所急，想病人之所想，并没有说的那么简单。但我的手术团队的确做到了，他们行动敏捷，有条不紊，步调一致。眼下的这台手术非常困难，但没有什么困难能够阻挡我们。

这个病人个头很大，脖子很短，肺容量很小。所以，在麻醉后给他插入呼吸导管并不容易。但郅已经提醒过大家可能会发生此类问题，大家都做好了预案，他和索尔可能需要的器械也准备妥当了。若阿金和我用手术刀切开了病人的腹部，我们发现他右侧的结肠已经变黑坏死了，但并没有破裂，剩下 3/4 的结肠和所有小肠看起来似乎没有什么问题。这实在是个好消息，因为受损范围不大。但在我们切除病人右侧结肠的时候却发现，剩下的结肠情况也不妙。

正常的结肠看起来应该是健康的粉色，但我们发现病人的结肠上散布着硬币大小的紫色斑块，看来阻塞右侧结肠主动脉的血凝块也阻塞了给左侧结肠供血的动脉分支。所以我们不得不把病人 1 米多长的结肠全部切除，并实施肠造口术，把他的肠子接入一个用来盛放排泄物的袋子。史蒂夫事先已经想到了这种可能，他让杰拿来我们需要的牵开器。若阿金轻推了我一下，提醒我把病人腹部的切口开得更大一些。我所进行的每一个操作都得到了他的全力协助。我们将病人阻塞的动脉血管一段一段地钳住、切除和结扎。病人的每一处创面都在不停地流血，因为坏疽制造的毒素破坏了

血凝功能。但是郅和索尔早就做好了准备，不停地为病人输液输血。实际上，自手术开始以来，病人的血压已经回升了许多。当我提到病人需要接受重症监护的时候，郅说他已经做好了安排，并把情况通知了重症监护医生。

由于我们通力合作，而不是各自为政，这位病人活了下来。我们只花了两个多小时就完成了这台手术。病人的重要体征都十分稳定，几天后就可以出院了。病人家属把功劳归于我一个人，但我心里很清楚，少了我的团队我什么也干不成。整台手术就像一曲交响乐一样充满了和谐之美。

那一次，我们的确进行了有效的团队合作。但我还是认为这一切是可遇而不可求的，是天意让我们这些人在那天下午凑到了一起，并发生了奇妙的化学反应。虽然我和郅经常一起做手术，但我和杰以及史蒂夫已经数月没有合作了，若阿金也已经有很久没有和我同处一个手术室了，而我和索尔只合作过一次。在此之前，我们这6个人从未作为一个完整的团队实施过一台手术。在任何一家大医院里，这种情况并不少见。我所在的医院有42个手术室，相关的医护人员有1 000多人，你总是能够在团队中找到新面孔。虽然团队合作对于手术的成功是非常重要的，但是否能够做到这一点的确是很难预测的。不知是何原因，当我们这6个人凑到一起的时候，一切就这么自然而然地发生了。这实在是一件妙不可言的事情。

激活"团队合作"检查项目

虽然我觉得只有足够幸运才能碰到可以进行有效合作的团队，但上文提到的那些清单的设计者却创造出一种有意为之的可能。他们坚持认为：**医护人员应该在手术前就手术的具体情况进行交流，至少要在手术开始前花一分钟时间进行简短的讨论，他们认为这是促进团队合作的一个好方法**。橄榄球运动员之所以在每次开球之前聚在一起商讨战术，也是出于相同的原因。这些清单上还列出了一个有助于促进团队合作的检查项目，那就是医护人员在手术开始之前应该熟知彼此的姓名，这让我感到非常好奇。

对于这项内容，约翰·霍普金斯大学研发的清单写得最为明确：新的团队在手术开始之前，每一个团队成员必须介绍自己的姓名和职务，比如，"我是主刀医生阿图·葛文德"，"我是巡回护士杰·鲍尔斯"，"我是麻醉医生熊郅"。

开始的时候，我觉得这个做法有点矫情，并对其实际效果深表怀疑。但事实证明，这个步骤是经过精心设计的，各种心理学研究都支持这样一个不言而喻的结论：不知道彼此姓名的人往往不能很好地合作。而约翰·霍普金斯大学的心理学家布莱恩·塞克斯顿所做的研究说明，这一结论同样适用于手术室。

> **清单宣言** THE CHECKLIST MANIFESTO HOW TO GET THINGS RIGHT
>
> 清单上要有一个有助于促进团队合作的检查项目，因为不知道彼此姓名的人往往不能很好地合作。

> 在一项研究中，他和他的团队硬着头皮对刚刚进行完手术且疲惫不堪的医护人员进行调查。每个被访者都被问及两个问题：在刚刚进行完的这台手术中，你对团队成员之间的沟通情况如何评分？其他团队成员的名字叫什么？研究发现，在半数手术中，团队成员不清楚彼此的姓名。但是，当团队成员知道彼此姓名的时候，他们对于沟通状况的评分显著提高了。

约翰·霍普金斯大学和其他大学的学者还发现，当护士有机会在手术开始之前介绍自己的名字，并提醒大家注意手术中可能遇到的风险时，他们会更加主动地在手术中注意各类问题，并提出解决方案。研究者将这种情况称为"激活现象"。**一开始就让人有机会发言，能够提高他们主动参与和表达意见的积极性，能够增强他们的责任感。**

这些研究的调查范围有限，得出的结论还不具有普适性。但是这些初步的调查结果让我看到了希望。在此之前，要想提高外科医生的能力并大幅度减少手术对病人造成的伤害，只能依靠加强专业训练和增加医生的实践经验。但在一些城市里，手术团队却对这些不同凡响的清单进行了测试，而且都取得了令人欣慰的结果。

清单的力量 THE CHECKLIST MANIFESTO HOW TO GET THINGS RIGHT

约翰·霍普金斯大学的研究人员测量了他们开发的清单对促进团队合作所起到的作用。共有11个外科医生同意参加试验，其中包括7名普外科医生、两名整形外科医生和两名神经外科医生。3个月后，在他们带领的手术团队中，认为团队合作状况十分理想的人数比例从68%跃升到92%。

加利福尼亚州凯泽医疗集团的研究人员也对他们开发的清单进行了为期6个月的测试，总共涉及3 500台手术。在此期间，手术团队成员对于团队合作氛围的评分均值由"好"变成了"非常好"，员工的工作满意度上升了19个百分点，手术室护士的离职率从23%下降到了7%。

清单还让医护人员避免了许多错误。比如在一次执行检查程序的过程中，手术团队发现，一瓶氯化钾被换成了抗生素。这一错误如果没有及时纠正，病人可能会因此而丧命。还有一次，手术调度室把手术的类型写错了。手术团队得到通知要为病人实施胸廓切开术，这种手术的切口非常大。但实际上，病人需要接受的只是胸腔镜检查，这类手术的切口不到一厘米长。

而在多伦多，研究人员在手术室里实地观察了手术清单的使用效果。虽然他们只观察了18台手术，但在其中的10台手术中，清单让手术团队发现了严重的问题，比如没有在术前为病人注射抗生素，预防意外情况的血袋没有准备好。清单不止一次发现了这些问题。此外，还有一些与病人独特病情相关的具体问题竟然也被发现了。我真的没想到清单能够发现它们。

清单革命在行动·医疗业

在多伦多研究人员的报告中提到了一个使用脊髓麻醉的腹部手术。在进行这类手术时，哪怕病人只是觉得有一点点疼痛，他也应该及时向医护人员报告这一情况，因为这可能意味着麻醉失效了，麻醉医生需要补充麻醉剂。但这个病人有严重的神经疾病，无法用语言进行沟通，只能用手比画进行表达。在手术中，我们一般会固定住病人的手和手臂，以防止病人不经意地用手抓手术单，或触碰外科医生和手术部位。但在这台手术中，如果病人的手和手臂也被固定住的话就会出大问题。在手术开始之前，手术团队并没有意识到这个问题。外科医生走进手术室，穿上手术衣，带上无菌手套，走到手术台前。因为需要执行检查清单，他没有直接开始手术，

而是停下来和其他成员商讨当天的手术计划,报告里记录了他们的一段对话。

"在麻醉方面有什么问题需要注意吗?"外科医生问道。

"有一个问题,病人有发音障碍。"麻醉医生答道。

外科医生想了想说:"这可能会让我们无法了解他的神经功能状况。"

麻醉医生对此表示同意,并说道:"我和病人商量好了用手势进行沟通。"

"这样的话,我们就不能固定他的手臂。"外科医生说。麻醉医生点了点头。手术团队随即想出了一个办法,这个办法既能让病人的手臂自由活动,但又不会让他抓到手术单。

"我还担心手术室里的人太多了,"麻醉医生继续说道,"噪声和人员走动可能会干扰我们与病人的沟通。"

"我们可以要求在场的人保持安静。"外科医生说。问题就这样解决了。

冗长和含糊不清的代价

这些研究还不足以说明清单能够实现世界卫生组织制订的宏伟目标,那就是以较低成本大幅度降低术后并发症的发病率,而且项目的效果还要能够被准确测量。但是,在这次日内瓦会议结束的时候,我们一致认为,值得进行一次大规模的手术安全检查清单测试。

一个工作小组负责将经过测试的不同清单合并成一张清单。这张清单有3个检查点,每到一个检查点,手术团队就必须停下来完成相关的检查程序,然后才能继续。这3个检查点分别是实施麻醉前、开刀前以及手术结束后患者离开手术室之前。工作小组根据实施时间节点的不同,将有关过敏、抗生素、麻醉设备等的检查项目分别归于不同的检查点之下。他们把所有能够想到的可以提高手术安全性的其他检查项目也都加了进去。他们还在检查表中设置了沟通检查项，手术室里的每个人都要在手术开始之前知道其他成员的姓名和职责，而且每个人都可以对手术计划和可能发生的问题发表意见。

我们决定先在全球各地的一些医院进行小规模的测试性研究，世界卫生组织承诺为这项研究提供资金。我感到非常兴奋，对试验的结果非常乐观。回到波士顿以后，我迫不及待地想要亲自测试一下这张清单了。

THE CHECKLIST MANIFESTO How to Get Things Right
清单革命在行动·医疗业

我把清单打印出来，并带到了手术室，还把自己在日内瓦获得的启示告诉了护士和麻醉医生。

我说："我们能不能试试看这张了不起的清单？"清单的内容十分详细，从设备检查到抗生素注射再到术前讨论，无所不包。手术团队的其他成员用怀疑的眼光看了看我，但他们并没有提出反对意见。"行啊，不管你说什么，我们照做就是了。"这不是我第一次想出稀奇古怪、滑稽可笑的主意了，他们对此已经习以为常。

我把清单交给了巡回护士迪，并让她在恰当的时候进行第一部分检查。15 分钟后，我们将要对病人实施全身麻醉，于是我说："等一下，清单呢？"

迪说："我已经完成啦。"她把清单递给我看，所有检查项目都打上了钩。

"不不不，每个检查项目都需要经过口头确认，这是一张团队清单。"我说。

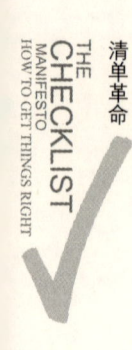

"哪里有写？"迪问道。我又看了看清单，她是对的，上面并没有写清楚这一点。

"好吧，还是请你把它念出来。"

迪耸了耸肩，然后开始逐一念出检查项目。但有些项目模棱两可，比如，护士是只需要确认每个团队成员都了解病人的过敏症呢，还是需要说出具体的过敏症名称。这些困惑让在场的每个人都觉得有些不耐烦，手术台上的病人也开始变得躁动不安。

"一切都好吧？"她问道。

我告诉她没有问题，我们只是在执行安全检查程序，并请她放心。

实际上，我自己也被这张冗长且含糊不清的清单给惹恼了。我觉得这张清单已经开始分散我们的注意力，而不是帮助我们更好地关心手术台上的病人了。

那台手术还没结束，我们就停止使用这张清单了。就连在我们自己的手术室里它都不能发挥作用，那就更别指望它能在全球范围内提高手术的安全性了。

THE CHECKLIST MANIFESTO
How to Get Things Right

第 6 章

人为根本
清单的应急反应机制

- 为什么哈得孙河上的迫降奇迹可以挽救 155 个人的生命？在危急时刻，你能够反应的时间只有 60 秒。
- 清单的力量是有限的。在最危急的情况下，解决问题的主角毕竟是人而不是清单，是人的主观能动性在建立防范错误的科学。

应对各种复杂的突发状况

在经历了第一次痛苦的尝试后，我做了一件早就该做的事情，那就是去图书馆查阅有关如何制作飞行清单的资料。虽然建筑行业的清单看起来很不错，但建筑工程往往持续数月之久，而外科手术却是分秒必争。时间问题看来是把清单运用于手术的一大限制。不过，飞行员也会面临紧急状况，时间对他们来说同样是一个巨大的挑战，但飞行清单似乎能够帮助他们应对各种复杂的突发状况。

我曾读过一篇由丹尼尔·布尔曼（Daniel Boorman）撰写的文章，他在波音公司工作，于是，我打电话给他，结果发现他是一名资深飞行员。在过去的20年里，他一直为波音客机编制飞行清单，并参与新机型驾驶舱控制设备的设计。他参与的项目包括波音747-400型飞机及其之后的所有机型。布尔曼是设计波音787梦想飞机驾驶舱的技术骨干，他参与设计的内容包括驾驶控制、显示系统以及清单系统。

他是波音"飞行理念"的缔造者之一。每当你乘坐波音飞机出行的时候，都有一整套理念掌控着飞行员驾驶飞机的方式。比如，

在飞行各阶段必须完成的动作或检查项目有哪些，哪些是必须亲自完成的，哪些可以交给计算机去完成，在碰到意外情况的时候应该如何应对。必须有人将波音的"飞行理念"转化为具体实践，而没有几个人会比布尔曼更胜任这一工作。他的父辈在 70 多年前就驾驶过配备了第一代飞行清单的 B-17 轰炸机。而他多年来研究了数千起坠机事故以及相当严重的飞行事故，创造出了旨在防止人们犯错的科学。

我正好要去西雅图，于是就询问布尔曼我是否能够去拜访他，他慷慨地接受了我的请求。到了西雅图后，我驾驶着一辆租来的汽车，沿着城郊宽阔平坦的道路驶向波音公司的总部。一排排低矮的长方形建筑出现在我的眼前，这让波音总部看起来就像研究所一样。周围有一所州立大学，所以波音的这些建筑和周围的环境倒是能够融为一体，只不过在建筑群的后面还有停机坪、跑道和机库。

> 布尔曼走到门口来接我。他 51 岁，穿着休闲裤和开领牛津衬衫，十足的飞行员派头。这让他看起来更像一个工程学教授，而不太像公司雇员。他带我来到了 3-800 楼的门前，这是一幢外表平平但功能齐全的办公楼。大楼的门口立着一个展示箱，里面陈列着发黄的照片，照片上有几个穿着银色飞行服的飞行员。展示箱上落满了灰尘，我猜这个箱子可能已经有几十年没人碰过了。试飞部所在的工作区域光线非常明亮，员工的办公隔间是灰褐色的。我们来到位于楼层正中的一间没有窗户的会议室，只见一摞摞为各航空公司制作的飞行清单手册靠墙堆放着，这些航空公司包括全美航空公司、达美航空公司以及联合航空公司等。

布尔曼把一本手册递给我看。手册是用螺旋金属圈装订的，将近200页厚，还贴着许多黄色的标签。早期的飞行清单只是一张卡片，上面记录了飞机在滑行、起飞和降落阶段飞行员必须注意的事项，和现在的手册简直无法相比。让我感到好奇的是，这本厚厚的手册究竟该如何使用？当打开手册后我才发现，里面远不止一张清单，而是有许许多多不同类别的清单。每一张清单都非常简洁，一般只有几行字，用大号的、容易识别的字体印刷。每张清单都是针对特定情况制作的，所以这本厚厚的手册涵盖了飞行各个阶段可能出现的各种状况。

翻开手册后你首先会看到"正常"清单，上面列出了飞行员日常操作所需完成的主要动作以及需要注意的重要事项。飞行员在每个操作阶段，如启动发动机前、飞机被推出前、开始滑行前等，都必须按照清单逐一完成各项检查。不过，**正常清单总共也就只有3页长，接下来的都是"非正常"清单**。设计人员列出了他们能想到的所有紧急情况，如驾驶舱冒烟、各种警示灯亮起、无线电失灵、副机长无法操作、发动机失灵等，并为应对每一种情况设计了正确的操作流程。**手册涉及的很多紧急情况飞行员可能一辈子都碰不到，但万一碰到的话，他们就能依靠清单来化解危机。**

布尔曼为我详细介绍了一张清单，这张清单讲述了如何处置飞行中前货舱门警示灯亮起这一情况。在飞行途中，如果飞机的前货舱门没有关闭或没有锁好是极度危险的，这种情况一旦发生，前货舱门警示灯就会亮起。布尔曼向我讲述了1989年发生的一起飞行事故，他对此进行了仔细研究。

> **THE CHECKLIST MANIFESTO**
> How to Get Things Right
>
> 清单革命在行动·航空业

1989年,美国联合航空公司的一架波音747客机从檀香山起飞,飞往新西兰奥克兰市,机上共载有337人。在飞行途中,前货舱门的栓销因为线路短路而开启。当时,飞机刚刚爬升到6 700米高度,飞机机舱是加压的,这样就能维持正常的空气氧气含量。在这样的高度,飞机货舱门的栓销脱开会造成严重威胁:如果舱内的空气顺着货舱门的门缝外泄,那么机舱内外巨大的气压差就会导致外爆。这就好比在打开可乐罐之前用力摇晃瓶罐,在拉开瓶盖的时候,可乐就会喷涌而出。在这起事故中,货舱门瞬间就被炸飞了,上甲板的几个窗子连同商务舱的5排座椅也随即飞了出去,有9位乘客掉进了大海,相邻座位的乘客仅仅因为系上了安全带而幸免于难,正在走道里为乘客服务的一位空乘人员也差点被吸出舱外,还好一位身手敏捷的乘客死死拽住她的脚踝,她离机身上被炸开的洞口只有几厘米远。

一切发生得太快,飞行员根本来不及阻止灾难的发生。从栓销脱开到货舱门被炸掉,再到乘客被吸出舱外,只过了短短1.5秒时间。后来,波音公司重新设计了货舱门的供电系统,而且增加了额外的栓销,因为这种装置不可能做到万无一失。这样,就算有一个销子脱开了,前货舱门警示灯亮起,那么飞行员也还有时间做出响应。额外的栓销能够为他们争取到防止货舱门被吹走的窗口机会。这时,飞行员就能按照清单进行恰当的处置。

布尔曼解释道,当有栓销脱开的时候,飞行员不应该浪费时间修补舱门,也不应该认为其他的栓销不会脱开,而是应该想办法尽快消除机舱内外的气压差。舱压下降得越多,舱门脱落的可能性就越小。

有一个办法能够很快降低舱内的气压：飞行员可以按下超控开关，打开通气阀门，这样机舱内外的气压差就能够在 30 秒内消除。不过，这种做法是有问题的。

- ✓ 首先，对乘客来说，座舱突然失压会让人感觉非常难受，特别是耳膜会非常疼痛。婴儿更是无法承受这种剧烈的气压变化，因为他们的咽鼓管尚未发育完全。
- ✓ 其次，在 6 000~10 000 米的高度降低舱压，就好像把乘客扔到珠穆朗玛峰上一样。由于空气非常稀薄，他们的身体和脑部的供氧会有困难。

美联航的这次事故让我们了解到飞机的货舱门被炸掉是一件多么可怕的事情。在机舱迅速失压后，乘客和机组所要面临的主要威胁就是缺氧。没有被吸出舱外的人虽然能够远离那个直径达 3~5 米的大洞，但是，舱内的温度会骤降到冰点，空气的氧气含量也会急剧下降，机组人员会觉得昏昏欲睡，意识模糊。感应装置会自动放下氧气面罩，但飞机的紧急供氧系统只能维持 10 分钟时间。而且，这套系统还可能彻底失灵，这架客机就碰到了这一状况。

舱音记录器让我们了解到了整个事件的细节：

> 机长：（脏话）发生什么事情了？
> 副机长：我不知道。
> 机长随即通知地面控制塔台飞机出了问题。两秒后，座舱内外就没有气压差了，舱内的空气变得和舱外一样稀薄。

> 副机长：戴夫，把你的氧气面罩戴上。
>
> 机长：对。
>
> 副机长：檀香山管控中心，这是美联航 1 号重型，你是否让我们左转？
>
> 无线电：美联航 1 号重型，指令确认。
>
> 副机长：现在就转向。
>
> 机长：我的氧气面罩里没有氧气。
>
> 随机工程师：你现在想让我干什么？
>
> 无法辨识身份的声音：(脏话)
>
> 副机长：你还好吗？
>
> 机长：还行。
>
> 副机长：你有氧气吗？我们没有任何氧气。
>
> 随机工程师：我也没有氧气。

后来进行的事故调查发现，爆炸把供氧管路破坏了。机组勉勉强强把飞机降到氧气充足的高度，这真是不幸中的万幸。随后，他们把飞机开回了檀香山机场，18 名机组成员和余下的 328 名被吓坏的乘客得以生还。

飞行员从这起事故中吸取的教训非常复杂。如果你在 1 万米高空飞行，此时前货舱门警示灯突然亮起，那么尽快消除机舱内外的气压差以避免舱门外爆脱落的确是个非常好的主意。但是，通过按动紧急泄压按钮来达到这一目的不是一个明智的选择，因为机舱里的每个人都会因此而缺氧。布尔曼说，最好的方法是，在可控的情况下，尽快把飞机降到 2 500 米左右。在那个高度，可以安全地打开通气阀，消除机舱内外的气压差。因为这一高度的空气已经不太稀薄，人们不会呼吸困难（科罗拉多阿斯潘镇的海拔高度就有2 500米）。上述操作能安全消除因舱门栓销脱开而发生外爆脱落的危险。

解决问题的主角是人，而不是清单

上面提到的这些步骤全都列在了前货舱门检查清单上。布尔曼强调说，这些清单是为机组人员在紧急情况下使用而精心设计的。波音公司每年要发布100多份飞行清单，这些清单要么是全新的，要么是经过修改的新版本，它们都是由编制人员一丝不苟制作出来的。布尔曼的运营小组简直就是一个清单制作工厂，多年来，他们积累了不少如何让清单变得实用有效的经验。

布尔曼向我解释说，清单有好坏之分。糟糕的清单模糊不清、不精确，而且冗长、不便使用。总之，就是非常不实用。一些编制人员并不熟悉这些清单的使用环境，他们只是坐在办公桌前闭门造车，并且把清单的使用者当成了傻子，把所有操作步骤都列在了上面。这样的清单只会让人们的思维变得迟钝，而不是变得清醒。

> **清单宣言** THE CHECKLIST MANIFESTO HOW TO GET THINGS RIGHT
>
> 清单有好坏之分。糟糕的清单模糊不清、不精确，而且冗长、不便使用。优秀的清单往往非常精确、高效、切中要害，即便在最危急的情况下也便于使用。

优秀的清单往往非常精确、高效、切中要害，即便在最危急的情况下也便于使用。它们不会把所有操作步骤都列出来，清单不会开飞机，它们应该只提醒人们那些最关键的步骤，那些即使

是资深的专业人士也可能会遗忘的步骤。总之,优秀的清单非常实用。

布尔曼强调说,清单的力量是有限的。它们能够帮助专家记忆如何操作复杂的程序和设备,它们能够帮助人们搞清楚哪些事情是最重要的,并且促使人们进行团队合作。但解决问题的主角毕竟是人,而不是清单。

> **清单宣言** THE CHECKLIST MANIFESTO HOW TO GET THINGS RIGHT
>
> 清单的力量是有限的。它们能够帮助专家记忆如何操作复杂的程序和设备,它们能够帮助人们搞清楚哪些事情是最重要的,并且促使人们进行团队合作,但解决问题的主角毕竟是人,而不是清单。

我可以想象,当前货舱门警示灯亮起的时候,飞行员的第一本能反应可能并不是查阅清单手册。毕竟在许多时候,闪烁的警示灯最终被证明只是虚惊一场。飞行可能没有出任何问题,没有噪声,没有爆炸,没有奇怪的"砰砰"声,只有警示灯在那里一闪一闪。地勤人员已经在起飞前检查过舱门,而且没有发现问题。我们都知道,飞行事故的发生概率非常低,大约每50万次飞行才会出现一次状况。所以,飞行员的本能反应很可能是进行仪表故障检查,看看线路是不是出了问题,然后才会想到前货舱门可能真的没有关闭或关紧。

但飞行员之所以会向清单寻求帮助,主要是出于两大原因。**首先,他们接受的训练要求他们这么做。**他们刚进入飞行学校就会学到,人类的记忆和判断是有缺陷的。为了保障乘客的生命安全,他们必须认清真实情况。**其次,清单被证明是有效的。**但无论飞行员受过的教育如何反复强调要相信程序,而不是轻易相信直觉,也并不意味着他们会盲从。飞行清单也不可能是完美的,其中有一些让人感到困惑、模棱两可或存在缺陷,但它们还是赢得了飞行员的信任。在命悬一线的时候，飞行员愿意依靠清单渡过难关，这的确让我感到非常惊讶。

美联航的这起事故让我们看到，飞行员对清单是多么的信任。

THE CHECKLIST MANIFESTO
How to Get Things Right
清单革命在行动·航空业

当时飞行员的处境非常危险，机身残片到处乱飞，机舱的噪声震耳欲聋，他们当时一定会心跳加速，但却要冷静地处理各种状况。除了供氧系统被破坏以外，飞机还出现了其他很多问题：飞机残片飞进了右侧机翼的3号发动机里，使其停车；4号发动机因为被残片击中而起火；机翼外侧的襟翼已经损坏，无法使用；驾驶舱位于机身的前部，虽然机组成员想掌控局面，但他们依然搞不清发生了什么事情。

他们猜测有人在机舱内引爆了炸弹，但并不了解机身的损坏情况到底有多严重，而且也不知道是否还会发生爆炸。即使搞不清楚状况，他们还是需要关闭损坏的发动机，将紧急情况通知空管中心，把飞机降到安全高度，测试飞机的可控性，并判断仪表板上的哪些警报是可以忽略的，哪些是需要立即处理的，最后还要决定是在海面迫降，还是飞回檀香山。如果你想测试机组成员究竟是相信他们的直觉，还是相信程序，那么观察他们在危机中的表现是最好的办法。

他们会做何选择呢？答案是他们抓起了清单手册。

> 机长：你是不是想让我看一下清单？
>
> 随机工程师：是的，我已经把它拿出来了。你准备好了告诉我一声。
>
> 机长：我准备好了。

141

要进行的操作有很多，他们必须明智地选择先做哪些，后做哪些。机组按照清单上列出的程序降低了飞行高度，安全地关闭了两台受损发动机，对飞机的降落能力进行了测试，放掉了多余的油料以减轻配重，并成功地把飞机降落在檀香山机场的跑道上。

对于飞行员来说，清单被证明是值得信赖的。这多亏了布尔曼这样的专家，是他们编制出优秀而实用的清单。显然，我们的手术安全清单还有很长的路要走。

编制清单必须注意的6大要点

布尔曼告诉我说，在制作清单的时候，有几点需要考虑。

第一，设定清晰的检查点，使用者在这些节点根据清单列出的项目执行检查程序。当然，在某些情况发生的时候也需要进行检查，如警示灯亮起或发动机停车。

第二，编制者需要在操作–确认和边读边做这两种清单类型中做一个选择。在使用前一种清单的时候，团队成员先根据记忆和经验完成各自的操作，然后再一同确认是否都做好了。而在使用边读边做清单的时候，使用者一边念出检查项，一边进行检查。这种清单更像是菜谱，所以，在编制新的清单时，必须根据具体情况选择合适的类型。

第三，清单千万不能太长。有一种说法认为，检查项目的数量应该在5~9项之间，因为人类工作记忆的容量也就这么大，但布尔曼认为不必恪守这一法则。他说："我们要具体情况具体分析。在某些情况下，你只有20秒的判断时间，但在其他情况下，你可能有几分钟。"

但是，如果某个检查点的停留时间超过了60~90秒，使用者就会觉得不耐烦，他们会偷工减料，跳过一些步骤。所以要尽量让清单做到简明扼要。因此，我们应该把注意力放在那些一旦跳过就可能会造成严重威胁、但又常常被人们忽视的步骤上。它们被称为"杀手项目"。航空专家会对各个步骤的重要性进行评估，并统计每个步骤被忽略的频率。我对此十分羡慕。

第四，清单的用语要做到精练、准确，语言为使用者所熟悉的专业用语。

第五，清单的版式也很重要。检查项目的长度最好不要超过一页，不要排列得杂乱无章，也不要随便使用各种颜色，大小写字母要结合起来使用以便阅读。布尔曼的介绍甚至详细到推荐我们使用像黑体这样的无衬线字体。

在某种程度上，我们在编制清单的时候，多少已经考虑到了布尔曼提到的这些要点。当然，我们还需要对其进行一些改进，让上面的检查项变得更精练、更准确一些。我觉得我们完全有能力轻松搞定它。但布尔曼向我指出，还有一点是非常重要的。

清单宣言 THE CHECKLIST MANIFESTO
HOW TO GET THINGS RIGHT

> 无论在编制清单的过程中多么用心、多么仔细，清单必须在现实中接受检验，因为现实往往比我们想象得更为复杂。

第六，无论在编制清单的过程中多么用心、多么仔细，清单必须在现实中接受检验，因为现实往往比我们想象得更为复杂。布尔曼说，第一稿往往很难通过。编制人员需要对失败原因进行仔细研

究，对清单进行改进，并不断测试，直到在各种现实环境中清单都能顺利使用。

我对布尔曼说，在手术中进行试验可不容易。但他对此进行了反驳，因为航空业也容不得一点过错。你不能在飞机飞行途中有意让舱门的栓销脱钩，然后观察机组人员如何处理这一紧急情况，这就是他们为何要使用飞行模拟器的原因。布尔曼说可以带我去参观一下。

我努力掩饰住自己的情绪，不让布尔曼看出我像个孩子一样因为有机会到驾驶舱看一看而感到异常兴奋。我让语调尽量显得非常平静，说道："好吧。"

> **清单宣言** THE CHECKLIST MANIFESTO HOW TO GET THINGS RIGHT
>
> 清单编制6大要点：1.设定清晰的检查点；2.选择合适的清单类型；3.简明扼要，不宜太长；4.清单用语精练、准确；5.清单版式整洁，切忌杂乱无章；6.必须在现实中接受检验。

是人决定了关键时刻该做什么

我们走了一小段路就来到了毗连的一幢建筑内。穿过一扇相貌平平的铁门后，我看见了一个长相怪异、像盒子一样的太空舱。这个太空舱由三根巨型液压支柱支撑。我们来到了一个像平台一样的东西上面。那个太空舱慢慢降到和平台持平的高度，三根巨型液压支柱消失在地板之下。布尔曼带我走了进去，这时我才知道，里面原来是波音777-200ER型客机的模拟驾驶舱。他让我在左侧的机长座位上坐好，而他自己却坐在右侧的副机长座位上。布尔曼教我如何系好飞行员的安全带。模拟驾驶舱的风挡玻璃实际上是由三块等离子屏幕构成的。有人按下了开关，屏幕随即亮了起来。

"你想从哪个机场起飞？"布尔曼问道，"全世界的机场几乎都可以在我们的数据库里找到。"

我选择了西雅图的塔科马国际机场。前一天，我乘坐的航班就是在那里降落的。突然之间，机场停机坪的画面就出现在了屏幕上，这让我感到惊喜不已。我们的飞机停在登机廊桥旁，运送乘客行李的小拖车在我们面前开来开去，我还看见远处有飞机在滑行道上滑行。

布尔曼开始带领我执行检查程序。在我左手边的舱壁上有一个凹槽，里面放着清单手册以便随时取用。但这本清单只是备份，飞行员一般会使用多功能显示屏上显示的电子清单。布尔曼调出了一张清单，为我演示如何操作。

"氧气。"他边说边用手指了指氧压表。

"测试完毕，100%。"我应该这样回答。

"飞行仪表。"布尔曼继续说道，随后指了指仪表板上航向和飞行高度的读数。

> 在起飞前的座舱准备阶段，我们只需完成4个检查项。在启动发动机之前，我们需要完成6个检查项，而且还要完成滑行和起飞简报，机长和副机长会就滑行、起飞计划以及可能出现的问题进行简短的讨论。布尔曼将详细的起飞计划告诉了我。

我尽力理解布尔曼说了些什么。他说，我们会从16左跑道正常起飞，起飞的速度大约是每小时100多节。起飞后，我们会根据标准离场程序向东南方向飞行，然后爬升到6 000米高度。我能搞懂

的只有这些了。他好像还说了一些有关无线电设置的重要事项,然后开始介绍各种紧急情况的处置预案。如果飞机达到决断速度之前两台发动机都停车了,那么我们将采取紧急制动。如果还有一台发动机能够正常工作,我们将继续爬升。不然,我们将要在附近选择合适的着陆地点。我装作很有经验的样子点了点头。

"你还有什么注意事项需要提出来吗?"他问道。

"没有了。"我说。

布尔曼启动了引擎。虽然模拟舱里没有真正的引擎,但我还是能够听到发动机加快转速的轰鸣声,我们必须提高嗓音才能让对方听清自己在说什么。

> 在飞机滑行之前,我们又停下来进行了5项检查:防结冰装置需要开启,而且已经开启;自动刹车设置完毕;飞行控制面检查完毕;地面设备已经清除;没有警示灯亮起。

上面这些清单执行起来很迅速,每张大约只需要30秒就能完成。进行滑行和起飞简报的时间大约是1分钟。布尔曼告诉我说,为了让清单变得尽量简洁,编制人员会在模拟舱中花大量时间对飞行员的使用情况进行观察。他们对每张清单的执行过程进行计时,然后不断加以改进和删减,直到清单上只留下最重要的步骤。

当一切准备就绪后,布尔曼让模拟的地勤人员将飞机推出。不管你是否相信,这次由我驾机升空。布尔曼让我用力踩脚舵松开刹车,当飞机开始滑动的时候我感到座舱抖了抖。我用左侧的一个小舵柄来控制前轮的方向,如果将其向上推,飞机就会向右转,反之,飞机就会向左转。我通过调整中央操作台上的油门杆来控制飞机在地面滑行的速度。一开始，飞机就像醉鬼一样在滑行道上扭来扭去。但当我们就要进入跑道的时候，我已经可以轻松操控飞机的行驶方向了。我将油门杆拉到最小推力的位置，双脚用力蹬脚舵踩刹车，等待塔台发出起飞指令。布尔曼随即调出了起飞前检查清单。

"襟翼。"他说。

"设置完毕。"我说。

我越来越喜欢驾驶飞机的感觉了。这时，塔台通知我们准许起飞。我松开了刹车，布尔曼告诉我应该把油门杆推到什么位置。飞机开始在跑道上加速，一开始速度还比较慢，但不一会儿，飞机就像火箭一样疾速向前冲去。我不断蹬脚舵修正航向，尽力让机头对准跑道中心线。当飞机达到起飞速度的时候，布尔曼给了我一个手势，我随即向后拉操纵杆（我曾经把这个东西当成了方向盘）。飞机腾空而起的感觉非常真实，我觉得自己真的飞到了空中，但是我并不知道模拟舱到底是怎么办到的。

只见朵朵白云飘在我们四周，脚下的城市变得越来越小。我们慢慢爬升到6 000米的高度。突然，前货舱门警示灯亮了起来。我把这次演练的根本目的忘得一干二净。多功能显示屏上立即出现了清单的前几项内容，但我还是将放在左侧舱壁凹槽里的手册取了出来，因为我想看看整张清单是什么样子。

我注意到，这是一张只有7行内容的边读边做清单，上面的说明告诉我们，前货舱门没有关闭，或没有锁紧，我们的首要目标是减小舱门脱落的风险。虽然这只是一次模拟，但我还是感到心跳加速。

147

清单指导我们如何降低舱压，上面是这么写的："拉出着陆高度选择旋钮，并调整到2 400米。"布尔曼随即向我指了指顶部仪表板上一个用来控制座舱气压的旋钮，我按照说明进行了操作。

随后，清单指示我们将飞机降低到安全飞行高度或2 400米，两者哪个更高就选择哪个。我推了推操纵杆，让机头下沉。布尔曼把高度仪指给我看。几分钟后，我们到达了2 400米高度，并改成平飞状态。然后，我按照说明，手动打开泄气阀门，并按住按钮30秒，将剩余的机舱内外气压差全部消除。最终，飞机没有爆炸，我们安全了。我很想和布尔曼击掌庆祝一下，我想对他说，有了清单，飞行也没有那么困难啊！

不过，有很多步骤清单并没有详细说明。比如通过无线电通知塔台发生了紧急情况，通知空乘人员做好相关准备，寻找附近最安全的降落机场，还有让人检查货舱门等。这些步骤我没有做，它们都由布尔曼代劳了。他告诉我，在编制清单的时候，他们有意省略了这些步骤。虽然这些步骤也很重要，但经验告诉我们，专业飞行员从来没有忽略过这些必要的步骤。所以，他们不需要把这些步骤放进清单。实际上，布尔曼认为，它们也不应该被放进去。

清单宣言 THE CHECKLIST MANIFESTO HOW TO GET THINGS RIGHT

> 清单不是无所不包的操作手册，而是帮助使用者发挥专业技能的有效工具，要做到简洁、快速、实用。

对于清单应该在复杂的工作中扮演怎样的角色这一问题，人们可能会产生误解。无论是对建造摩天大楼的工程师来说，还是应对险情的飞行员来说，清单都不是无所不包的操作手册，而应该成为帮助使用者发挥专业技能的有效工具，要做到简洁、快速、实用。也正是因为达到了这些要求，清单才挽救了成千上万人的生命。

让事故的教训转变为实用的清单

让我再为大家讲述一个有关飞行清单的故事，这是最近发生的一起飞行事故。

2008年1月17日，英国航空公司38号航班迫近伦敦，准备降落。这架飞机是从北京起飞的，已经飞了将近11个小时，机上载有152人。飞机正在进行最后阶段的下降，马上就要降落在伦敦希思罗机场。那时刚过正午，空中的云很薄，云量也不多，可视距离超过9公里，风也不大。虽然当时是冬天，但气温有10摄氏度，不算太冷。机上的人们怎么也不会想到，已经飞过了千山万水、就在马上要到达目的地的时候会大祸临头。

飞机下降到220米高度，飞过一片居民区，距离机场还有3公里远。此时，飞行员需要稍稍增加推力以减小飞机下降的速度。但突然之间，引擎推力瞬时减小，先是右侧引擎，然后是左侧引擎。此时，副机长正在操控飞机，但无论他怎样用力推油门杆，发动机就是没有任何响应。隆隆的引擎轰鸣声消失了，留下的只有死一样的寂静。

副机长放下襟翼以增加升力，希望飞机能够滑翔到跑道上。与此同时，他不断蹬脚舵，保持飞机的航向，但飞机的飞行速度下降得太快了，整架飞机就像一块重达160吨的大铁砣一样重重地向地面砸去。英国航空事故调查局（Britain's Air Accidents Investigation

Branch）后来对这起事故进行了调查。调查人员发现，飞机当时的下降速度是每秒7米。飞机在距离跑道400米的地方接地。据估计，当时飞机的飞行速度是每小时200公里。

不幸中的万幸是，这起事故没有造成任何人员死亡。这架飞机差一点就会撞进附近的居民区，驾车行驶在机场周围道路上的人们看着飞机直扑而下，他们心想这下自己必死无疑了。更巧的是，这起事故差点引发政治危机，因为当时英国首相戈登·布朗正坐车赶往希思罗机场，他将要启程对中国进行上任后的第一次正式访问。一位随行助手在接受伦敦《每日镜报》（*Daily Mirror*）访问时，这样描述当时的情形："飞机距离我们的头顶只有几米远，擦着灯柱'嗖'地飞了过去。"

> 飞机刚刚掠过机场周边的道路就重重地撞击在跑道前端的草地上，发出巨大的响声。飞机前轮在撞击时立刻折断，右侧的主起落架脱离了机身，有两个轮子飞了出去，并撞穿了29~30排这一段机身。左侧的主起落架则向上穿透了机翼，1 400升航空燃油随即倾泻而出。有目击者看到机身和地面擦出了火花。但幸运的是，燃油没有被点燃，飞机没有发生爆炸。虽然整架飞机被强大的撞击力彻底毁坏，但乘客们大多毫发无伤。飞机在地面滑行了300多米才停了下来。只有十几位乘客需要住院治疗，他们中伤情最严重的也仅仅是腿部骨折。

事故发生后仅仅过了1个小时，调查人员就赶到现场展开调查。他们分别在1个月和4个月后发布了阶段性调查结果，但究竟是什么原因导致了这起事故仍是一团疑云。调查人员将发动机、燃油系统、飞行数据记录仪拆了下来，逐一进行检查，但是都没有找到任何引擎缺陷。飞行数据显示，发动机的燃油流量不知因为什么原因减小了。所以，调查人员用光纤内窥镜对油路系统进行了检查，也没有发现任何缺陷或阻塞，对燃油阀门以及燃油流量控制电路的测试也没有找出问题来，在油箱内也没有找到任何可能阻塞油路的残片。

为此，调查的重点开始转移到燃油本身。测试显示，油箱里装的是一般的 A-1 航空燃油。由于飞机的航线经过北极圈，调查人员想搞清楚燃油会不会在飞行途中结了冰，从而引起这次飞行事故，然后又在他们能够发现任何痕迹之前解了冻。

> 飞行数据显示，当飞机飞临中国和蒙古边境的时候，飞机周围的环境气温是零下 65 摄氏度；而当飞机飞临乌拉尔山和斯堪的纳维亚半岛的时候，飞机周围的气温下降到了零下 76 摄氏度。对于需要穿越北极圈的航线来说，这么低的气温并不算异常。虽然 A-1 航空燃油的凝固点是零下 47 摄氏度，但航空专家已经解决了这一问题，需要穿越北极圈的飞机都经过了特殊设计以抵御极度严寒，而且飞行时飞行员会一直监测燃油温度。

跨越极地的商业航线于 2001 年 2 月开辟。从那时起，已有数千架飞机安全地完成了飞行任务。实际上，在英航那架飞机的飞行途中，飞行记录仪记录到的最低燃油温度是零下 34 摄氏度，远远高于燃油的凝固点。不仅如此，飞机是在天气晴朗的伦敦上空，而不是

在天气恶劣的乌拉尔山上空失去发动机动力的。

但是调查人员还是怀疑飞行路线是事故的诱因之一。他们提出了一套精妙的理论。

> 航空燃油一般会含有少量水汽，每4升燃油一般不超过两滴水。当飞机穿越极地的时候，燃油里的少量水分会结成小冰晶，悬浮在燃油中。人们从来没有认为这是个大问题，但他们忽视了这样一种可能：在进行长途极地飞行的时候，燃油的流速很慢，所以小冰晶有时间沉淀下来，并聚积在油箱的某个地方。当飞机即将降落的时候，燃油的流量突然加大，这可能会导致聚积起来的冰晶阻塞油路。

可是，调查人员找不到任何有力的证据来证明这一理论。这就好像有人被发现躺在床上因窒息而死，侦探推测说，室内的氧气分子突然随机跳到了房间的另一侧，进而导致这个人在熟睡中窒息而亡。这一解释在理论上的确说得通，但很少有人真的相信这样的事情会发生。不过调查人员并不死心，他们在低温情况下直接向油路注水，小冰晶果然形成了，而且阻塞了油路。

事故发生8个月后，调查人员只能找到这样的解释。每个人都觉得焦虑不安，他们很希望自己能够在相似的事故再次发生之前做些什么。所以，调查人员根据上述未经证实的理论，为飞行员制订了解决这一潜在问题的具体操作步骤。

> 当发动机失去动力的时候，飞行员的本能反应是推油门杆以增加发动机的推力。但是，如果油箱内有冰晶聚积，

那么增加燃油流量只会向油路中增加更多冰晶。所以，调查人员认为，此时飞行员应该反向操作，将油门杆拉回最小推力位置，并保持一小段时间。这样燃油流量就会减小，油管的热交换装置也就有时间融化冰晶，只要几秒钟时间，发动机就能恢复正常工作状态。虽然调查人员提出的理论并没有得到证实，但这是他们能够想到的最佳解决方法了。

所以，在2008年9月，美国联邦航空管理局发出了具体警告，详细说明了在跨越极地飞行过程中，飞行员应该如何防止冰晶在油箱中聚积的操作规程，还说明了当发动机失去动力后，飞行员应该如何恢复动力的操作程序。同时要求世界各地的飞行员要在30天内知晓相关信息，并且熟练掌握相关操作。最值得一提的是，飞行员真的这么做了，这也正是我为何要讲这个故事的原因。通过它，我们能够从中得到很多启示，这不仅是因为上述解决方案涉及清单。但在总结经验之前，还是让我们先来看看大多数行业在碰到重大事故时都是怎么做的。人们很少会对事故进行仔细调查，医生和教师不会这么做，律师和金融顾问也不会这么做，除非媒体将丑闻公之于众。某些问题可以影响成千上万人，但由于它们往往每次只涉及个别人，所以人们不太会努力寻找导致事故或错误的原因。

不过，我们有时候也会对失败原因进行调查，并想出改进的具体措施。但那又怎样呢？这些发现可能会出现在研讨会上，发表在专业期刊上，或被写入教科书。我们最多也就是发布几厘米厚的指导意见，或制定新的标准，但这并不意味着人们的实践会立刻发生改变。人们行为的改变往往需要花费数年时间。

> 一项医学研究对9种重大治疗发现的影响进行了调查。这些发现意义非凡，如肺炎球菌疫苗不仅能够保护儿童，而且能够保护成人避免发生呼吸道感染这种常见的致死疾病。研究报告说，在美国，医生平均要花费17年时间，才会在半数治疗过程中采纳新的治疗技术。

但像布尔曼这样的专家指出，**上述现象的发生并不是因为人们懒惰或情绪抵触，而是因为新知识没有被系统地转变为简单、实用的操作方法**。如果航空业专家也只是在有了关于航空安全的重要发现时公布厚厚的报告，就像各种医学杂志每年要发布70多万篇论文一样，这些信息就很难被有效利用了。

但是他们并没有止步于此。当航空事故调查员发布了厚厚的调查报告之后，布尔曼和他的团队会埋头工作，努力将这些信息转变为实用的操作步骤。他们会起草一份标准的极地飞行清单，并不断筛选和精简检查项，不断推敲如何设置检查点，如飞行员应该怎样确认发动机失去动力是因为油箱内聚积了冰晶，而不是其他原因。最后，编制小组和飞行员一起在模拟舱中对清单进行测试，及时改正发现的问题，并再次进行测试。

波音团队花了两周时间不断完善和测试清单。每一家使用波音777型飞机的航空公司随后都会收到这张清单。一些公司会直接将其投入使用，但很多公司会根据自己的具体情况对其进行进一步修改，这就像学校和医院往往有自己独特的操作规程一样，航空公司也是如此，而且波音和航空管理当局也鼓励他们这么做。这也是为什么当航空公司进行合并的时候，飞行员往往会为使用哪一家公司的清单而吵得不可开交。事故调查报告发布1个月之后，成熟的清单就被送到了飞行员手中,或被存进了飞机的计算机里,随后便开始正式投入使用。

我们怎么知道他们真的使用了这些更新了的清单呢?2008年11月26日,相似的事故差点再次发生。

清单革命在行动·航空业

达美航空公司一架波音777客机从上海飞往亚特兰大,机上载有247人。飞机飞临蒙大拿大瀑布的时候,飞行高度是12 000米。这时候,2号引擎突然失去动力。后来调查显示,冰晶阻塞了供油系统,事故调查人员先前提出的理论终于得到了证实(后来,波音公司对系统进行了改进,以防此类事件再次发生)。如果这架飞机当时在飞跃蒙大拿山的时候失去了所有动力,后果将不堪设想。

与上次不同的是,飞行员这次知道应该如何正确处置这一情况,他们根据清单上列出的步骤进行操作。由于飞行员处置得当,发动机恢复了正常工作,机上的247人得救了。整个过程进行得非常顺利,甚至乘客都没有发现飞机出现了异常情况。

我真希望这一幕有一天也能出现在外科手术台上。

THE CHECKLIST MANIFESTO
How to Get Things Right

第 7 章
持续改善
保持清单的自我进化能力

● 8家试点医院，医疗水平参差不齐，但持续改善的清单让近 4 000 名病人术后严重并发症的发病率下降了 36 个百分点，术后死亡率下降了 47 个百分点。

● 就算是最简单的清单也需要不断改进。简洁和有效永远是矛盾的联合体，只有持续改善，才能让清单始终确保安全、正确和稳定。

每个项目都需要适时调整

回到波士顿以后,我让我的研究团队对尚不成熟的手术清单进行改进,让它变得更加实用。我们试图吸取航空业制订清单的经验,让它变得更加清晰、简洁。我们主要采用了操作–确认这种类型的清单,而没有使用边读边做这一类型。这样一来,手术团队就能一方面灵活地完成各种操作,另一方面又能在关键节点停下来,确认是否遗漏了重要步骤。手术清单得到了极大的改善。

最后,我们在模拟手术室里进行了测试。那里实际上是一个会议室,位于我所在的公共卫生学院的大楼里。一个助手躺在会议桌上,他就是我们的"病人"。其他人各扮演一个角色,这些角色包括外科医生、助理外科医生、手术助理护士、巡回护士,还有麻醉医生。不过,在我们就要开始进行测试的时候,问题冒了出来。

该由谁来负责让手术团队停下来执行检查程序呢? 我们在编制清单的时候并没有说清楚这一点,但这却不是一个小问题。引起手术室里每一个人的注意需要一定的魄力。一般来说，只有外科医生才有这样的权威和能力。我建议说，或许应该让外科医生负责这项工作。但有人对此表示反对。**在航空业，负责启动检查程序的人是"不把杆的飞行员"**。这么做不是没有道理的，"把杆飞行员"可能会因为忙于各种飞行操作而不便执行清单检查程序。不仅如此，分权还传递了这样一个信息，那就是飞行安全不是机长一个人的事情，每个人都要负起责任来，每个人都有对飞行操作提出质疑的权利。**我的同事认为，如果我们想显著提高手术质量，那么也应该遵循这一原则：让更多的人分担责任，分享提出质疑的权利。**所以，我们决定让巡回护士启动检查程序。

护士是否需要在清单上做记号呢？没有这个必要。我们之所以执行清单，并不是想留下什么记录，而是希望手术团队能够停下来进行充分的交流，评估可能发生的问题，共同商讨各种处置措施，尽可能地提高手术安全性。

清单宣言 THE CHECKLIST MANIFESTO HOW TO GET THINGS RIGHT

> 分权传递了这样一个信息，安全不是机长一个人的事情，每个人都要负起责任来，每个人都有对飞行操作提出质疑的权利。

清单上列出的每一项都需要进行调整。我们仔细测量了每个版本清单的执行时间，并希望每个检查点，也就是麻醉前、皮肤切开前和离开手术室前的检查时间都不超过60秒，但我们还没达到预设标准。如果我们希望清单能够在手术室这样的高压环境下被接受，就必须做到简明扼要。我们必须删除一些检查项目，那些无关病人生死的项目。

放弃比保留更艰难

　　事实证明,在改进过程中,要删除一些项目的确是一件难度很大的事。简洁和有效之间存在着矛盾。如果删减的项目过多,那么对手术安全性很重要的许多步骤就无法检查,但如果保留的项目太多,清单又会变得十分冗长,不便使用。不仅如此,不同专家对于哪些步骤比较重要意见不一。2007年春天,曾在日内瓦世界卫生组织总部参加会议的各方代表又聚首伦敦,共同商讨这些问题。结果,到底留下哪些检查项成了大家分歧最大的一个问题。

　　比如,欧美的研究发现,时间较长的手术容易让病人形成深静脉血栓,在病人腿部形成的血凝块一旦进入肺部就会产生致命后果。如果为病人注射小剂量的血液稀释剂,如肝素,或给他们穿上压力袜,那么病人形成深静脉血栓的风险就会显著降低。但来自中国和印度的研究者却认为这么做没有必要,因为他们的病人不像西方病人那样非常容易形成血凝块,在手术中因为深静脉血栓而死亡的情况极其罕见。此外,对于中低收入国家来说,血液稀释剂和压力袜价格都不便宜,而且过量注射血液稀释剂会产生危险后果,缺乏经验的医生很难把握好分寸。所以这个检查项被删除了。

　　我们还讨论了手术室火灾这个棘手问题。在手术中,医生往往要使用像电刀这样的高压电设备,它们在使用过程中偶尔会产生电

> **清单宣言** THE CHECKLIST MANIFESTO HOW TO GET THINGS RIGHT
>
> 　　在改进过程中,要删除一些项目的确是一件难度很大的事。简洁和有效之间存在着矛盾。如果删减的项目过多,那么对安全性很重要的许多步骤就无法检查。但如果保留的项目太多,清单又会变得十分冗长,不便使用。

弧。而手术室里有一种可怕的助燃剂，那就是高浓度氧气。所以，世界各地的医疗机构大多发生过手术室火灾。这些火灾非常可怕，纯氧几乎可以把任何东西瞬间变成可燃物，如覆盖在病人身上的无菌手术单，甚至是插入他们喉咙的通气管。但手术室火灾是完全可以避免的，我们可以采取各种有效的预防措施，如事先检查氧气有没有泄漏，在不影响手术的前提下尽量降低氧气的浓度，尽量不使用含酒精的消毒剂，避免氧气流到手术部位。只要做到上面提到的这几点，手术室火灾就不会发生。此外，如果手术团队的每一个成员在手术开始前都搞清楚氧气阀、警铃和灭火器的位置，就算是火灾真的发生了，也不会造成严重的后果。正因如此，与感染、出血和不当麻醉这些手术杀手相比，手术室火灾的发生率很低。

> 美国每年要进行几千万台手术，其中只有大约 100 台手术发生了火灾，真正危及病人生命的火灾更是凤毛麟角。但造成病人手术部位感染的手术却多达 30 万台，每年有 8 000 多人因此而丧生。与预防感染相比，我们在预防火灾方面已经做得很好了。

如果把消除火灾隐患的检查项目也包含在清单里，那么清单就会变得非常冗长，所以我们决定放弃它们。

我们的决策过程并不像进行科学实验那样系统。虽然搞错手术对象或手术部位的情况非常罕见，但是预防此类情况发生的措施很容易执行，而且也被一些国家接受了，其中就包括美国。此外，这类医疗事故很容易引发关注。所以，这些检查项留在了清单上。

我们意识到沟通不畅是造成手术失败的一个重要原因。所以在手术开始之前，手术团队成员会被要求进行正式的自我介绍，并简短地讨论手术的关键部分和可能发生的问题。虽然这一方法的有效性尚未被证实，但由于团队合作对于手术成功极为重要，所以我们愿意把这一条留在清单里，以试一试它们的效果。

伦敦会议结束后，我们依次进行了一些小规模的测试。一个团队在伦敦进行测试，并提出改进意见。随后，香港的团队又开始进行新一轮测试。随着测试次数的增加，清单日臻完美。皇天不负有心人，我们终于能够拿出一份可以在全球范围内推广使用的清单了。

最终版本的世界卫生组织手术安全清单（Safe Surgery Checklist）由 19 个检查项目构成。其中，在实施麻醉前有 7 个检查项目：

- ✓ 患者本人或家属是否已经确认了患者的身份，并同意进行手术；
- ✓ 手术部位是否已经标记；
- ✓ 是否对患者进行了血氧饱和度监测，该仪器运转是否正常；
- ✓ 患者是否有既往过敏史；
- ✓ 是否存在气道困难和误吸的风险（这是实施全身麻醉最危险的一个地方），所需设备和辅助人员是否已经就位；
- ✓ 是否存在失血量大于 500 毫升的风险，儿童为每千克 7 毫升；
- ✓ 必需的中心静脉置管、血袋和补液是否已准备就绪。

在切开患者的皮肤前，手术团队还要进行 7 项检查：

- ✓ 团队所有成员对各自的姓名和职责是否进行了自我介绍；
- ✓ 团队成员是否确认了患者姓名、手术名称和手术部位；
- ✓ 在手术前60分钟内是否给患者注射了预防性抗生素；
- ✓ 是否已展示手术所需的扫描和影像资料；
- ✓ 有关手术的关键信息是否已经讨论过，主刀医生是否介绍了手术的关键步骤是什么，手术需要进行多长时间，预计病人的失血量是多少，相应剂量的血袋是否已准备就绪；
- ✓ 麻醉医生是否评估了麻醉计划，是否还有其他需要特别注意的事项要提出；
- ✓ 护士是否确认设备已经就位、消毒已经完成，是否还有其他注意事项需要提出。

在手术结束后患者离开手术室前，还要进行最后5项检查，巡回护士必须对下列事项进行口头确认：

- ✓ 记录里的手术名称和刚刚完成的手术是否一致；
- ✓ 手术器械、敷料和针头是否清点完毕；
- ✓ 需要进行病理检验的组织标本是否已经标记；
- ✓ 是否存在需要解决的设备问题；
- ✓ 主刀医生、麻醉医生和护士是否说明患者术后康复治疗方面的注意事项，是否确定没有重要信息遗漏，是否已就重要问题进行了沟通。

当然，手术的整个过程远不止这19个步骤，但我们希望能够像建筑专家那样化繁为简，用为数不多的检查项目确保一些重要的步骤没有被遗漏，如确认抗生素是否已经注射、病人有无过敏症、患者的身份是否得到确认等。我们还用一些沟通检查项来确保手术团队成员切实进行团队合作，确保他们对手术中可能发生的问题进行了讨论，并为此做好了准备。至少我们希望这张精心设计的清单能够发挥这些作用，但我们能否如愿以偿呢？

设置清晰的测试标准

为了找到问题的答案，我们决定在全球8家医院对手术安全检查清单进行实地测试。这一大规模研究所得出的结果有充分的说服力，而且对人数不多的研究团队和数目不大的研究经费来说，这样的研究还是可以完成的。有很多医院申请参加这个项目，所以我们设置了一些选拔标准。

首先，医院的负责人必须会说英语。虽然我们可以将英文的清单翻译成不同语言的版本，但如果8家医院的负责人说不同的语言，我们没有能力维持那么复杂的日常沟通。

其次，医院所在地的安全必须没有问题。我们收到了一家伊拉克医院的热情申请。这本是一件好事，但由于伊拉克战乱不断，我们考虑再三，还是没有接受这一申请。

再次，参加测试的医院必须具有广泛的多样性，既要有来自富裕国家的医院，也要有来自贫穷或中等收入国家的医院。这一决定让世界卫生组织的官员觉得很错愕。他们解释说，世界卫生组织的首要任务是帮助贫穷国家，在富裕国家收集数据的高额成本，可以

用来帮助贫穷国家做更多事情。但我去过很多医院，其中既有印度的乡村诊所，又有哈佛大学先进的医疗中心。我去的地方无论是富裕还是贫穷，手术中那些可以避免的错误依然会反复发生。所以我认为清单可以在任何地方发挥作用。况且，如果试验在高收入国家取得成功，那么我们就更容易劝说较不发达地区的医院采纳这一措施。所以我们做出决定，只要较为富裕的医院愿意承担所有或大部分研究经费，他们就有资格入选。

最后，参选的医院还必须允许我们的研究人员在清单投入使用之前和之后客观地对其手术并发症发病率、术后死亡率和失误率进行调查。这对医院来说可不是一件小事，大多数医院，甚至是高收入国家的医院，对自己在这些方面的现状其实并不了解，客观的调查可能会让他们感到难堪。虽然这些条件比较苛刻，但我们还是如愿在全球挑选出了8家试点医院。

> 在8家医院中有4家来自高收入国家，它们也是全世界顶级的医疗机构，其中包括位于西雅图的华盛顿大学医疗中心（University of Washington Medical Center）、加拿大的多伦多综合医院（Toronto General Hospital）、伦敦的圣玛丽医院（St.Mary's Hospital）和新西兰最大的奥克兰市立医院（Auckland City Hospital）。另外4家医院来自中低收入国家，但他们的接诊量也非常巨大，这4家医院分别是马尼拉的菲律宾综合医院（Philippines General Hospital，这家医院的规模是上述高收入国家医院的两倍）、约旦阿曼的哈姆扎王子医院（Prince Hamza Hospital，这家医院是约旦政府为了向数量急剧增加的难民提供医疗服务而新建的）、

> 新德里的圣史蒂芬医院（St.Stephen's Hospital，这是一家城镇慈善医院）和坦桑尼亚伊法卡拉的圣弗朗西斯区医院（St.Francis Designated District Hospital，这家医院要为附近的 100 万农村人口提供服务）。

这些医院之间的差异非常大，把它们放在一起进行研究看似有些不靠谱。在高收入国家，人均医疗费用达到数千美元。但在印度、菲律宾和东非，人均医疗费用连 10 美元都达不到。就拿华盛顿大学医疗中心来说吧，它每年的预算超过 10 亿美元，是坦桑尼亚全年医疗费用总和的两倍。这 8 家医院实施的手术也有天壤之别。

高收入国家的那些医院往往装备精良，人才充沛，从机器人前列腺切除术到肝脏移植，什么样的高难度手术他们都能做。对那些普通的日间手术更是不在话下，如疝气修补术，乳房活组织检查，还有为慢性中耳炎患儿排除耳内脓液所做的鼓膜置管术。

对缺少资源和人手的低收入国家医院来说，他们优先考虑的是急救手术，如为难产的产妇实施剖腹产，或是挽救事故重伤患者的生命。即使是进行相同的手术，如阑尾切除术、乳房切除术，在断裂的股骨中打入钢钉等，这些手术在不同医院除了名称相同外，其实质内容存在非常大的差异。在资金不足的医院里，医护人员往往缺乏训练，他们的设备非常简陋，而且病人被送来的时候往往病情已经十分严重，比如阑尾可能已经破裂，乳房肿瘤的个头可能已经长得很大，股骨不仅断裂，而且可能已经开始感染。

但我们还是对这 8 家医院进行了研究。毕竟我们的目标不是对它们进行一一比较，而是测试清单能否提高手术的安全性。我们在

这些医院的所在地招募了研究人员，并就如何收集有关术后死亡率和并发症发病率的准确信息对他们进行了培训。我们制定的评价标准是比较保守的，只有比较严重的并发症才会被记录，如肺炎、心脏病发作、再次手术或出血量大于4个单位的大出血和严重的伤口感染等，而且只有在医院实地发现的并发症才会被记录，研究人员不能引用其他报告资料。

在清单投入使用之前，我们对每家医院的4个手术室进行了为期3个月的跟踪观察，这就像是对世界各地医院的手术质量进行活体检查一样。调查结果并不令人满意。

调查涉及的成人患者近4 000人，其中有400多人发生了术后并发症，有56人不幸死亡，将近半数并发症与感染有关。另外1/4的并发症与手术的技术问题有关，手术团队不得不把病人再次推进手术室进行止血，或修复遗留问题。并发症的整体发病率在6%~21%之间。 需要指出的是，在被调查手术室里进行的手术往往难度较大，较为简单的手术情况会好一些。但调查数据证明了我们的观点，无论医院在什么地方，手术都是充满风险和危险的。

我们还发现每家医院都有巨大的改进空间，这一点并没有出乎我们的意料。比如，没有一家医院规定手术团队必须在手术前对病人的失血量进行评估，并做好相应的准备，也没有一家医院规定医护人员在手术前必须就手术的具体情况进行简短的交流。我们对各家医院医护人员执行6个安全步骤的情况进行了跟踪调查，这些步骤分别是：

✓ 及时给患者注射预防性抗生素；

- ✓ 对患者进行血氧饱和度监测；
- ✓ 确认患者是否存在气道困难；
- ✓ 口头确认病人的身份和手术名称；
- ✓ 为失血量较大的病人安全插入中心静脉置管；
- ✓ 在手术结束后清点手术器械、敷料和针头。

这些都是非常基本的步骤，就像飞行员在起飞前要对升降舵进行解锁一样。但我们却发现，此方面需要改进的地方比比皆是。**即便是在表现最佳的医院里，医护人员至少没有完成其中一个步骤的比例达到 6%。也就是说，每 16 个病人就会碰到一次失误。**但 8 家医院的整体平均失误率更加可怕，无论当地的经济状况如何，遗漏至少一个步骤的比例占到手术总数的 2/3。全球的手术安全状况是多么不容乐观啊！

> THE CHECKLIST MANIFESTO
> How to Get Things Right
> ✓ 清单革命在行动·医疗业

从 2008 年春天开始，所有试点医院开始使用包含 19 个检查项、执行时间长达两分钟的清单。我们当然不会天真地认为，只要把这些清单放进手术室里就能改变一切，医院的负责人需要系统地将这一做法纳入医院的日常运营之中。接受培训的不仅有外科医生，而且还有麻醉医生、护士和其他相关人员。我们将各家医院不足之处的详细数据交给了他们，这样医护人员就能明白需要解决哪些问题。我们为他们提供了一些 PPT 演示文件和 YouTube 视频。其中一段视频的标题是"如何正确使用手术安全清单"，另一段视频可能更加有趣些，标题是"如何错误使用手术安全清单"。这段

视频想要告诫大家,在使用清单的时候,一不小心就会犯错。

我们还要求医院负责人首先选定一个手术室进行推广,手术团队最好是由外科主任医师、资深的麻醉医生和护士组成,他们一定会发现一些小问题。

每家医院要根据自己的具体情况和当地的专业用语习惯,对检查项的顺序和措辞进行调整。一些医院使用经过翻译的清单,还有一些则表示他们要增加额外的检查项。对某些医院来说,清单的使用将带来系统性的改变,如在手术室里存放更多的抗生素。**我们希望先期进行试验的手术团队用他们的经验和耐心对清单进行必要的修改,而不是不经努力就彻底否定清单。**

清单的有效使用还需要手术室里的文化发生变革,因为医护人员的责权和预期会发生改变,医院管理层必须意识到这一点。我们大胆猜测,如果在项目一开始的时候,管理层就让大家清楚地意识到他们大力支持清单的推广,那么医护人员就会更加容易接受这一新举措。

推广,就是更大的跟踪改善

我和我的团队奔赴世界各地跟踪试验进展。我从未见过这么复杂多样的手术环境,不同医院之间反差之强烈,所碰到的问题种类之繁多,远远超出了我的想象。

坦桑尼亚的那家试点医院距离第一大城市达累斯萨拉姆有300多公里远,连接两地的只有一条单车道泥土路。每当雨季到来的时候洪水肆虐,这条生命线就会被切断,有时医院会数周无法得到药品和麻醉气体等补给。在那里等待接受手术的病人有数千人之多，但外科医生却只有5个。麻醉医生的人数更少，只有4个，而且没有一个麻醉医生持有医学学位。

> 手术用血大多是由病患家属提供的。当血量不够的时候，医护人员会毫不犹豫地挽起袖子。为了节省麻醉药品，他们通常为病人实施脊髓麻醉。此前我根本无法想象某些手术竟然能够在脊髓麻醉的情况下实施。他们会在消毒后多次使用手术手套，一直用到手套破了洞为止。他们还自制纱布，每天下午茶的时候，护士和麻醉医生会围坐在一张老旧的木桌旁，根据第二天手术的需要，将一卷卷白棉布剪成大小合适的纱布。

与坦桑尼亚的医院或印度的农村诊所相比，德里那家慈善医院的条件要好很多。它的供给更加充沛，医护人员的素质也更高，但它要为这座城市的1 300万人口提供医疗服务，这实在是让人难以想象。医院共有7名接受过完整培训的麻醉医生，但他们每年要进行两万台手术。新西兰的试点医院虽然每年也要实施相似数量的外科手术，但那里有92名麻醉医生。印度的医护人员还要面临许多问题，如设备短缺、停电。他们每天的工作时间长达14小时，等待接受手术的病人排着长长的队伍。即便如此，我很少听到他们怨天尤人。而在美国，你经常可以听到医护人员牢骚满腹。

这些医院并不只是贫富悬殊，它们在其他方面也非常不同。实际上，每家医院都是非常独特的。就拿伦敦的圣玛丽医院来说吧，这家医院已经有150多年历史了，占据了伦敦帕丁顿的一个街区，

医院的大楼是由红砖和白色岩石建成的。亚历山大·弗莱明于1928年在此发现了青霉素。现如今,在达西·德纳姆勋爵(Lord Darzi of Denham)的领导下,这家医院的外科依然是全球微创手术和手术模拟领域的先锋。

> 圣玛丽医院非常现代,设施先进,曾经吸引了很多社会名流,威廉王子和哈里王子就在此出生,英国首相戴维·卡梅伦严重残疾的儿子也在此接受治疗。但这并不意味着这家医院只为权贵提供服务,它依然是英国国家卫生服务体系中的一家公立医院,并一视同仁地为各层次英国公民提供医疗服务。

我把圣玛丽医院的16个手术室逛了个遍,它们和我们医院的手术室看起来非常相似,设备齐全,技术先进,但两地医院手术的具体实施程序却存在巨大差异。在那里,病人是在麻醉之后才被推进手术室的,这意味着清单的第一部分必须进行修改。此外,那里的麻醉医生和巡回护士也不戴口罩。在我看来,这简直是对医疗事业的亵渎。但我不得不承认,远离病人手术部位的医护人员是否有必要戴口罩还有待证明。那里的医护人员使用的术语我几乎都不熟悉,虽然我们说的都是英语,但我常常搞不清楚他们在说些什么。

约旦试点医院的手术室环境也让我觉得既熟悉又陌生。约旦是一个发展中国家,那里的手术设备比较陈旧,而使用频率却很高,在手术室里找不到任何华而不实的东西。不过,这样的条件我完全可以接受,也可以适应。那里的手术质量看起来也很不错。访问期间,我碰到了一个伊拉克籍的外科医生。他在巴格达学医,毕业以后就一直在这里做医生。2003年美国入侵伊拉克，他不得不放弃自己的财产和工作，与家人一起逃到了约旦。萨达姆·侯赛因在执政的最后几年把伊拉克的整个医疗系统都掏空了，而在此之前，巴格达是整个中东地区医疗水平最高的地区之一。现在的情况大不相同了，那位医生告诉我说，约旦似乎已经取代了当年巴格达的地位，他觉得自己能够来到这里很幸运。从对话中我了解到，每年有20多万外国人到约旦求医，给这个国家带来了10亿美元的收入。

在约旦，男女地位非常不平等。让我感到吃惊的是，在手术室里，这种不平等多多少少被打破了。

> 刚到那里的时候，我曾经坐在一家餐馆外面观察从我身边经过的人。我发现，男性和女性几乎被完全隔离。大多数妇女用头巾把头发盖住或包起来。负责接待我的是一位20多岁的外科住院实习医生。有一次，我们一起出去看了一场电影。他告诉我说，自己已经和一名女研究生交往了两年时间。我问他花了多长时间才看到对方的头发。
> "我从没见过。"他说。
> "别糊弄我了，难道真的没见过？"
> "真的没有。"他的女朋友偶尔会露出一小缕头发，所以他知道女友的头发是深棕色的。即便是对这些接受过高等教育、以比较西方的方式来恋爱的年轻人来说，情况也没有好到哪里去。

在手术室里，所有外科医生都是男性，大多数护士都是女性，麻醉医生的性别比例则是对半开。这个国家的社会等级如此森严，

我很怀疑清单有效使用所需的团队合作是否真的能够在这里实现。手术室里的女性依然戴着头巾，她们中的大多数会回避男性的目光。但我渐渐发现，团队成员之间的关系并不像看起来的那样等级森严。只要有必要，医护人员会毫不犹豫地抛弃这些条条框框。

> 在我观摩的一次手术中，外科医生下意识地用手调整了一下无影灯，弄脏了自己的手套，而他自己并没有注意到这个动作，但一旁的护士却看得真真切切。
>
> "你必须更换手套。"护士用阿拉伯语说（有人把她的话翻译给我听）。
>
> "没什么问题。"医生说。
>
> "不行，"护士坚持说，"别做傻事。"随后，她帮助医生更换了手套。

虽然这8家医院的差异十分巨大，但它们毕竟是医院，我们实施的毕竟是外科手术，所以很容易在彼此之间找到共通之处。你总会发现有病人躺在手术台上，他们的内心充满了希望，但也充满了恐惧。病人把自己的身体托付给你，相信你能挽救他的生命。无论在哪家医院你都会发现，手术室里的医护人员各司其职，竭尽全力，为的就是不辜负病人给予他们的信任。

当然，清单的推广并不是一帆风顺的。在应用过程中，我们会时不时地碰到一些小问题。比如在马尼拉，每四台手术才能分配到一个护士，因为训练有素的护士都被美国和加拿大的医院挖走了。前来补缺的医学院学生还非常稚嫩，哪里敢负责启动检查程序。所以我们必须劝说麻醉医生来承担这项职责。而在英国，当地的医护人员不知道应该如何根据他们独有的麻醉程序来改动清单。

学习总是有个过程的。无论清单看似多么简单，如果你以前没有养成使用它的习惯，那么现在要迅速养成这种习惯就不是一件容易的事情。有时候，手术团队会忘记执行其中的某个部分。特别是手术结束后，病人即将被推出手术室时进行的那部分检查。另外一些时候，医护人员觉得一丝不苟地执行清单太困难了。这倒不是因为检查程序非常复杂，而是因为觉得有些话碍于情面不太好说出口。

> 护士在手术开始前发现病人没有注射预防性抗生素，依照程序，整个团队必须停下来，待病人注射完以后才能继续手术。但这么做可能会让爱面子的其他成员感到难堪，让希望维护团队表面和谐的人难以启齿。手术室里的每一个人都有自己的行事风格，特别是外科医生，他们有的沉默不语，有的喜怒无常，有的则滔滔不绝，很少有人知道应该如何调整自己的风格以便使团队进行充分交流。

至于每个人是否应该在手术开始前对自己的姓名和职责进行自我介绍这个问题，人们的看法冲突很大。从德里到西雅图，护士们对这一环节都非常赞成，但一些外科医生却觉得这个环节非常烦人。不过，大多数医生还是接受了这一做法。

请注意，我说的是大多数，而不是所有人。在世界各地的试点医院，我们都曾被赶出手术室。有的医生曾对我们说："执行这张清单实在是浪费时间。"在一些地方，管理层会斥责不听话的医生，并

强迫他们使用清单。但我们并不鼓励这种做法，强迫只会引起更大的反弹，这种抵触情绪会传染给其他团队成员。我们希望管理层在介绍这张清单的时候，只是将其描述为一种简单的工具，一种可能会提高手术安全性的工具。毕竟，这张清单的效果还有待证实。持有反对意见的医生也可能是对的，这或许又是一次善意而徒劳的尝试。

虽然我们碰到了一些抵制，但试点工作很快就在各家医院全面展开了。在我们进行跟踪研究的每个手术室里，每台手术的进行都少不了这张清单，我们还对病人术后的恢复情况进行了调查。当一切步入正轨后，我回到波士顿等待试验结果。

调查的有效性

对于试验究竟能取得怎样的结果，我心里实在没底。在清单投入使用之后，我们只进行了为期3个月的跟踪调查。如果在这么短的时间里发生了改变，应该可以归因于清单的使用，而不太可能是由医疗技术改善等长期趋势变化造成的。但我担心的是，在这么短的时间里，改变是否真的会发生。手术团队还在不断磨合，也许他们需要更多时间进行学习。而且说心里话，他们得到的帮助实在是非常有限，我们既没有为他们增添设备，又没有为他们增加人手或其他医疗资源。贫穷的医院依然很穷，我很怀疑在切实提高他们的医疗条件之前，可能真的很难发生什么改变。毕竟，我们只给了他们一张包含了19个检查项目的清单，他们接受的培训也只是学习如何使用它。虽然竭尽全力让这张清单变得简明扼要，但我们或许做得有些过火了，去掉了太多不该去掉的部分。也许，我们根本不该听从航空专家的建议？

但渐渐地，一些振奋人心的消息从四面八方传来。

- ✓ 在伦敦圣玛丽医院进行的一台膝关节置换手术中，手术团队在执行检查程序的时候意识到，他们准备的人造膝关节尺寸大小不对，而且在医院里找不到正确尺寸的备件。幸好医生还没有下刀，否则悲剧就无法挽回了。这台手术的主刀医生曾经猛烈抨击清单。但在这件事情发生后，他立刻180度大转弯，成了清单的支持者。

- ✓ 在印度的试点医院，手术清单的使用暴露出了当地手术流程的固有缺陷。以前，病人是在手术室外的等候区接受抗生素注射。但手术往往会延误，医护人员在使用了手术清单后意识到，早先注射的抗生素很可能在手术开始前数小时就已经失效了。所以，医生根据清单对手术流程进行了改进，现在他们会等到病人被送进手术室后才为其注射抗生素。

- ✓ 而在西雅图，华盛顿大学医疗中心的一个朋友告诉我说，养成使用清单的习惯非常容易。但我更加关心的是，清单是否帮助他们发现了潜在问题。她告诉我，这一举措的确暴露了很多问题，如抗生素没有及时注射，设备没有就位，其他注意事项被忽略等。不仅如此，她还认为，手术清单能够帮助整个团队更好地应对手术实施过程中可能发生的各种问题，如发生病人大出血或碰到手术技术难题。她说："我们的团队合作越来越好。"

这些故事让我的内心充满了希望。

2008年10月，试验结果出炉了。我有两个研究助理，他们都是普外科住院医生。其中一个名叫亚历克斯·海恩斯（Alex Haynes），他全脱产协助我进行调查。海恩斯花了一年多时间，在8家医院组织整项研究，并且把所有数据都整理好。另一个助理名叫汤姆·韦泽（Tom Weiser），他在这张清单的开发上已经投入了两年时间，并负责对数据进行复查。为了确保分析结果准确无误，退休外科专家威廉·贝里（William Berry）对所有试验程序和数据进行了最后一遍检查。终于，在某一天的下午，他们来到了我的办公室。亚历克斯说："你该看看这个。"他把一沓统计表放在我面前，并向我一一介绍分析结果。

清单的力量 | THE CHECKLIST MANIFESTO HOW TO GET THINGS RIGHT

> 在手术安全清单投入使用之后，8家试点医院术后严重并发症的发病率下降了36个百分点，术后死亡率下降了47个百分点，而且所有结果在统计上都非常显著。
>
> 感染发生率几乎下降了一半，因大出血或手术技术问题而需要再次接受手术治疗的病人数量减少了1/4。从整体上来看，在研究涉及的近4 000名病人中，原本应该有435人发生严重并发症，但实际的发病人数只有277人。清单的使用让150多人免受伤害，更让死亡人数减少了27人。

你可能会觉得我当时一定高兴得从椅子上跳了起来，然后冲出房间边跑边叫："我们成功啦！我们成功啦！"但我并没有这么做。实际上，我一下子变得非常非常紧张。我一头扎进这一堆堆统计数据中，寻找能够推翻这些分析结果的错误和问题。

这样的结果会不会只是一种巧合，与清单的使用无关呢？我努力猜测其他能够解释这一结果的原因，如手术团队在使用清单后实施的高风险手术和急救手术比较少，所以统计数据显示良好。于是，亚历克斯又对数据进行了一遍分析。结果显示，我提出的这些假设并不成立。事实上，在清单投入使用后，急救手术的数量甚至比以前更多了一些，而且各类手术的比例，如产科、整形外科、胸部和腹部手术的比例并没有发生改变。

那么，**这会不会是霍桑效应造成的呢？**也就是说，因为有人在手术室里进行观察，所以手术团队变得更加谨慎，工作也变得更加卖力了，而我们却误认为是清单的功劳。毕竟，在研究涉及的手术中，研究人员对其中的20%进行了实地观察。但研究团队反驳了我的观点，因为项目一启动，研究人员就进入了手术室开始进行实地观察。但在清单使用前，各项指标并没有显著改善。而且，我们还记录了研究人员对哪些手术进行了实地观察。统计分析结果显示，无论研究人员是否在场，各项指标都因为清单的使用而显著提高了。

好吧，我又提出了一种假设，清单会不会只在某些地方，如贫穷国家的医院里发挥作用？但调查数据显示，虽然4家高收入国家的医院的初始并发症发病率的确较低，但是清单的使用还是让这些医院的术后严重并发症发病率下降了1/3，效果是非常明显的。

研究团队向我逐一介绍了各家医院的试验结果。

> 在这次试验中,无论在哪一家医院,清单的使用都显著降低了术后并发症的发病率。在8家医院中,有7家医院的这一指标下降了10个百分点以上。

试验结果是真实有效的。

沟通质量的改善是关键

2009年1月,《新英格兰医学杂志》迅速发表了我们的试验成果。实际上,在我们将分析结果告诉试点医院的时候,其他各相关方就已经得知消息了。华盛顿州的很多医院在听到西雅图医院的试验结果之后,纷纷主动尝试使用清单。很快,他们就与保险公司、波音公司和政府结成了同盟,在全州范围内全面推广清单的使用,并对相关数据进行记录。在英国,圣玛丽医院的外科主任达西勋爵恰巧被提名为卫生部长。当他和英国驻世界卫生组织最高代表利亚姆·唐纳森爵士(Sir Liam Donaldson,唐纳森爵士一开始就非常支持手术清单的推广)看到研究结果的时候,他们也在全英国范围内发起了推广这一举措的运动。

然而,外科医生的反应比较复杂。虽然执行检查程序并不像他们原先担心的那样占用太多时间(实际上,在一些医院里,这一举措还节省了一些时间),但一些医生仍提出异议,认为我们的研究并没有说明清单到底是如何发挥巨大作用的。

然而事实证明，在 8 家试点医院里，我们的确观察到医护人员在手术安全方面有了长足的进步，他们更加注意为病人及时注射预防性抗生素，在手术前严格确认病人的身份和手术名称，在手术中更加注意监测病人的血氧饱和度。但是，这些改进无法解释为何一些不相关的并发症，如大出血的发生率也显著下降了。我们分析，**手术团队成员之间沟通质量的改善是关键所在**。在清单投入使用后，我们对刚刚走出手术室的医护人员进行了随机调查。结果，**医护人员对团队合作质量的打分与病人术后的恢复状况存在显著的相关性。团队合作质量改善得越多，术后并发症的发病率下降得就越多**。

也许，医护人员的反馈意见最能说明问题。有 250 多名医护人员，其中包括外科医生、麻醉医生、护士以及其他人员，在清单投入使用 3 个月后匿名填写了调查问卷。起初，大部分人对这一举措是否能够奏效表示怀疑。但使用了清单后，80% 的被访者认为清单便于使用，耗时很少，并能提高手术的安全性；有 78% 的被访者在自己的工作中凭借清单发现过隐患。

但还是有人表示怀疑。毕竟，还有 20% 的被访者认为清单不便使用，耗时过多，而且并没有提高手术的安全性。

不过，我们还让被访者回答了一个问题："如果你自己要接受手术，那么是否希望手术团队使用清单？"

结果，有 93% 的人给出了肯定的回答。

第三部分
让清单成为一种习惯

THE
CHECKLIST
MANIFESTO
HOW TO GET
THINGS RIGHT

THE CHECKLIST MANIFESTO
How to Get Things Right

第 8 章

清单，让世界更简单

● 一张清单，竟然让投资家旗下的投资组合市值增长了 160%；一张清单，得到全世界 2 000 多家医院的积极推广且成效显著。

● 每个人都会犯错，别再让相同的错误一再发生，别再让我们为那些错误付出沉痛的代价。清单不是写在纸上的，而是印在心上的。我们别无选择，清单，正在一步步变革我们的生活，变革这个复杂的世界……

超越复杂性

有一个机会就放在我们面前。这个机会不仅属于医疗行业,几乎每个行业都能利用它。即便是最资深的专家,也能通过它寻找错误和失败的原因,并制订相应的检查项目来显著提高自己的业绩。但我们真的会这么做吗?我们是否为此做好了准备?这些问题的答案尚不清晰。

就拿手术安全清单来说吧,这份清单能够显著降低术后并发症的发病率。如果有人发现了某种效果一样好的新药,那么他们就会请名人在电视上做广告,大肆进行宣传。推销员则会忙着请医生吃饭,希望他们能够给病人使用这种药物,政府则会斥资对其进行研究。丰厚的利润会吸引更多制药公司对这种药物进行改进,并生产出效果更好的新药。如果清单是一种医疗设备,那么外科医生会在展示会上争相尝试,然后缠着管理层,吵着嚷着让他们引进这种新设备。而这些坐办公室的人,也不得不为了提高医院的医疗质量而答应外科医生的请求。

> 手术机器人就是这么火起来的,每台价值170万美元的2 200台遥控机器人的诞生,就是为了让医生在进行腹腔镜手术的时候动作变得更加灵活,并尽量减少术后并发症的发生。外科医生对其垂涎三尺。其实,此类机器人的使用大幅度提高了外科手术的成本,而它们的效果并不比标准腹腔镜手术好多少。不过,美国和世界各地的医院还是花费了数十亿美元来采购这些设备。

与之相比,清单受到的待遇又如何呢?人们并未对其置之不理。自从试验结果公布以来,有十几个国家在全国范围内对其进行了推广,其中包括澳大利亚、巴西、加拿大、哥斯达黎加、厄瓜多尔、法国、爱尔兰、约旦、新西兰、菲律宾、西班牙和英国。一些国家还对清单的使用效果进行了进一步跟踪,这对确保清单的成功推广是非常重要的。

清单的力量 THE CHECKLIST MANIFESTO HOW TO GET THINGS RIGHT

> 在美国,20个州的医院协会也承诺要对清单进行推广。到2009年年底,有10%的美国医院已经或准备使用清单。在世界其他地方,也有2 000多家医院已经这么做了。

这些消息的确非常鼓舞人心,但要让医生全面支持这一举措还有很长的路要走。清单的使用往往是出于外力的影响,如指手画脚的政府卫生官员,外科医生对他们多少有点抵触情绪;再比如伸长耳朵,到处打探消息的医院安全官员,在外科医生的心目中,他们和小时候学校里的校规巡视员一样令人反感。有时候,负责推广的是外科主任，这意味着外科医生尽管不敢当面抵触，但他们会认为上司有越俎代庖之嫌。他们会想：这是我的病人、我的手术室，我怎么做手术是我自己的事情，我对手术全权负责，他们凭什么告诉我应该怎么做。

既然外科医生已经开始使用清单，即便他们有些不情愿，那又有什么关系呢？结果是最重要的，难道不是吗？

未必如此。我们的目标并不是让医生们在检查项旁边乖乖打钩，而是要培养注重合作和纪律的文化。如果我们清醒地意识到这是一个机会的话，那么这张耗时两分钟的清单仅仅是一个开始。我们手上的这张清单只能帮助外科医生们发现手术中一些共有的问题，但实际上我们能够使用这一方法做更多事情。

> 我们可以为髋关节置换手术、胰腺手术、主动脉瘤修复术制作专门清单；再比如，我们可以对每一种大型手术的操作过程进行研究，找出可以避免的常见问题，最后用清单来消除这些隐患。我们甚至可以像航空业那样，针对一些特殊情况制订紧急清单。不知道大家是否还记得约翰告诉我的那个故事，医生在手术过程中忘记了血钾水平过高也会导致心脏停止跳动。如果有相应的紧急清单，这类问题就不会再发生。

即便在手术室外，医生也要面对很多挑战。这些挑战也很危险，也非常容易诱发错误，其中包括对心脏病、中风、药物过量使用、肺炎、肾衰竭、癫痫等这些病症的治疗；

清单宣言 THE CHECKLIST MANIFESTO HOW TO GET THINGS RIGHT

我们的目标并不是让医生在检查项旁边乖乖打钩，而是要培养注重合作和纪律的文化。

还有一些情况看似没有那么复杂危急，如对病人的头痛、胸部疼痛、肺部结节和乳房肿块进行诊断，实际上这些情况没有看起来的那么简单，它们都存在风险和不确定性。所以，即使在日常诊治过程中，清单也是值得使用的。优秀的清单能够像听诊器一样成为医生和护士的好助手（其实研究显示，听诊器并未在诊断过程中发挥多大作用）。**关键问题是，医疗行业的特定文化是否能够帮助我们抓住这个机遇**。对此，我们还不能给出清晰的答案。

改变我们的核心价值观

在《不可或缺的那些东西》①这本书里，汤姆·沃尔夫（Tom Wolfe）不但讲述了美国第一代宇航员的故事，而且还记录了一个辉煌时代的终结。

> 在20世纪50年代，极端危险的试飞工作主要靠像查克·耶格尔（Chuck Yeager）这样的王牌试飞员来完成。他们驾驶推力巨大、难以驾驭的复杂飞行器冲向蓝天，将生死置之度外。据统计，有1/4的试飞员最终以身殉职。试飞员必须英勇、睿智。不仅要集中注意力，而且还要随机应变，这些就是沃尔夫所说的"不可或缺的那些东西"。

但是，随着控制飞行风险的知识不断积累，随着飞行清单和模拟器变得越来越普遍，越来越复杂，试飞的危险系数正在不断下降。

---

① 电影《太空先锋》即改编自汤姆·沃尔夫的小说《不可或缺的那些东西》(The Right Stuff)。——译者注

谨慎和一丝不苟成了更加重要的决定因素，试飞员从此不再像摇滚明星那样叱咤风云。

相似的过程也发生在医疗行业。对于最复杂、最危险的那些工作，如手术、急救和重症监护等，**我们已经找到了更好的方法来完成它们。但是这些方法的使用需要我们大刀阔斧地改变传统文化，特别是改变我们的核心价值观：**在高风险的复杂情况下，专家的胆大心细才是最重要的，这些也属于沃尔夫所说的"不可或缺的那些东西"。清单和标准的手术程序与这些东西格格不入，这也是很多人对清单的使用产生抵触情绪的原因。

当然，**如果缺少了勇气、睿智和随机应变的能力，医生光靠清单是不能治病救人的。**医学是一门超级复杂的学问，如果少了建立在扎实专业基础之上的勇气，没有人能够成为优秀的医生。但与此同时，一名优秀的医生也应该学会如何与他人进行有效的团队合作。

别让"可卡因头脑"作祟

还有很多行业看到了清单这个机会，但对于它的抵制也同样无处不在。金融业就是一个很好的例子。最近，我和穆尼斯·帕巴里（Monish Pabrai）进行了交谈，他是帕巴里投资基金（Pabrai Investment Funds）的合伙人之一，这家基金管理公司的总部位于加州欧文市。我最近碰到了3位将清单从航空业和医疗行业引入自己工作中的投资家，帕巴里就是其中一位。

> 他们3人都掌管着巨额资金。帕巴里管理着价值5亿美元的投资组合；盖·斯皮尔（Guy Spier）是蓝宝石资本管理公司（Aquamarine Capital Management）的老总，该公司总部位于瑞士的苏黎世，他旗下基金的规模达到了7 000万美元；第三位投资家不希望我披露有关他和他旗下基金的具体信息，我能告诉大家的是，他所管理的基金规模在全世界名列前茅，价值高达数十亿美元。这3位都遵从价值投资理念，他们都喜欢买入价值被严重低估的优质公司，市场的波动趋势不是他们关注的焦点。这些投资家不会根据某些计算机算法来进行投资决策，他们希望自己独具慧眼，能够先于他人买入未来的"可口可乐公司"。

帕巴里向我介绍了他是如何进行价值投资的。在过去的15年间，他每过3~6个月就要进行一次新的投资。为了找到一家真正有投资价值的公司，他往往要深入调查10家公司。他的消息来自各种渠道，如路牌广告、有关巴西房地产的报刊文章，或者是他随便拿起的一本矿业杂志。帕巴里的阅读面非常广，视野非常宽阔，他会睁大眼睛去发现那些埋在土里但露出一丝光芒的宝石，也就是那些现在不为人知、但将来会飞黄腾达的企业。

帕巴里能发现成百上千的投资机会，但是只需稍加分析，他就会放弃大多数所谓的机会。大约每隔一周，他就会因为发现了一笔潜在的好买卖而心跳加速，他实在是很难相信没有人发现这么好的机会。于是，帕巴里开始在心里美滋滋地想，如果这次一切顺利的话，他能够赚到上千万美元。不不，说不定是几亿美元。

帕巴里说："此时，你的内心会被欲望占据。"盖·斯皮尔将这种状态称为"可卡因头脑"。神经学家发现，赚大钱的预期能够刺激头脑中的原始奖励中枢，其效果和吸食可卡因是一样的。帕巴里说，对一个专业投资人来说，越是在这个时候就越是要保持头脑清醒，进行系统而全面的调查。在进行分析的时候，他们会尽力排除不理性情绪的影响，做到既不过于乐观，又不过于悲观。他们会仔细分析公司的财务报表，了解公司的债务和风险，调查公司管理团队历年来的表现。他们还会对被调查公司的竞争对手进行分析，考虑整个市场的前景，对投资机会和风险进行全面评估。

> 价值投资这块圣地的守护神是沃伦·巴菲特，他是史上最成功的投资者之一。尽管2008年的经济危机给他造成了不小的损失，但在全球富豪榜上，他依然是数一数二的。帕巴里对巴菲特以及他拥有的伯克希尔－哈撒韦公司做出的所有投资决策，无论是成功的还是失败的都进行了仔细分析。他把自己能够找到的所有关于巴菲特的书籍都读了一遍。

帕巴里甚至在慈善义拍中花65万美元拍下了与巴菲特共进午餐的机会。在和我谈论巴菲特的时候，帕巴里直呼其名。我想，在花了65万美元与巴菲特共进午餐后，他直呼对方的名字也是顺理成章的事情。帕巴里告诉我说，**巴菲特的脑子里有一张清单，他用这张清单对潜在的投资机会进行评估**。所以在旗下的基金成立之后，帕巴里就一直坚持这一原则。他严守纪律，每次在对公司进行研究的时候，他一定会要求自己不慌不忙。整个分析过程可能要花费数周

时间，但坚持使用清单让他表现优异。可他并不是神，所以他也会犯错，甚至是犯下灾难性的大错。

帕巴里所说的错误并不是一般意义上的错误或错失良机。投资是一个高风险的行业，有些错误是不可避免的。而帕巴里所说的是那一类原本可以避免的错误，是由于计算失误或分析不到位造成的"无能之错"。比如，帕巴里在总结经验教训的时候发现，他总是在评估被调查公司财务杠杆安全性①的时候屡屡犯错。相关信息其实都能得到，只是他没有进行仔细分析。

帕巴里相信，他之所以会在同一个地方屡屡跌倒，主要是因为无法让"可卡因头脑"冷静下来。

> 他45岁，曾经是一位工程师。他的故乡在印度，而印度是一个人口大国，教育资源非常有限，他能够从异常激烈的竞争中脱颖而出实属不易。后来，他被南卡罗来纳州的克莱姆森大学（Clemson University）录取，并在那里学习工程学。大学毕业后，他在芝加哥和加州的高科技公司谋求发展。在进入投资行业之前，他自己成功地创办了一家信息技术公司。

我之所以说这些，是想强调帕巴里不是一个会轻易头脑发热的人，他知道要抵御追求当下欲望的诱惑。但他说，对于令人兴奋的投资机会，无论自己如何保持冷静客观，头脑总是会诱骗他，让他能够轻易看到可以支持自己初始判断的证据，而对那些

---

① 财务杠杆安全性是指公司所拥有的资金中有多少是自有的，有多少是外借的，这些债务是否会影响公司的运营和生存。——作者注

负面因素却视而不见。这就是"可卡因头脑"干扰理性思维的特征。

他说:"你抵挡不住诱惑,于是便开始投机取巧。"

但在熊市里,情况恰恰相反。帕巴里说,你的头脑会进入一种恐慌模式。因为看到周围有很多人输了个精光,所以你会不由自主地高估潜在的危险。

他还发现,自己在应对复杂性的时候也会犯错。如果你想做出高质量的投资决策,那么就需要对公司各个方面的情况进行多方位的调查。帕巴里发现,即使"可卡因头脑"没有作祟,他还是会常常考虑不周,因为他头脑里的清单还不够完善。他说:"我不是巴菲特,我的智商达不到300。"所以,他需要一种即使智力一般的人也能使用的方法。因此,他设计了一张纸质清单。

显然,巴菲特也应该做一张纸质清单。帕巴里注意到,即便是巴菲特也会经常重复某一类错误。他说:"这让我知道巴菲特并没有使用真正的清单。"

他将自己见到过的所有错误都列了出来,其中包括巴菲特、其他投资人和他自己犯过的错误,清单上很快就累积了几十种错误。为了防止这些错误再次发生,他为每种错误都设置了相应的检查项,所以他的清单上已经有了70项检查内容,其中有一项就来自伯克希尔–哈撒韦公司所犯的错误。

> 该公司于21世纪初收购了科特家具租赁公司(Cort Furniture),这是一家总部位于弗吉尼亚的家具租赁企业。在过去的10年里,科特的业务量和利润增长迅猛。巴菲特

的长期投资伙伴查理·芒格认为，科特公司抓住了美国经济转型期的一个重要机遇。由于商业环境变得越来越动荡，如今的企业需要掌握迅速扩张和迅速收缩的能力。所以，他们更愿意租用而不是购买办公楼，这也同样适用于办公家具。芒格认为，科特公司会因为抓住了这个机遇而大赚一笔。这家公司其他方面的情况也很不错，他们的财务状况很稳健，管理团队也很优秀，所以芒格下决心购买了这家公司。

然而这是一个巨大的错误。芒格忽略了一个事实，那就是该公司前3年收入的飞速增长，全都要归功于20世纪90年代末网络公司的兴起，科特公司为上千家初创企业提供了办公家具租赁服务。当网络经济泡沫破灭后，这些公司在一夜之间消失得无影无踪，科特公司的收入也因此而急剧下滑。

帕巴里说："芒格和巴菲特对网络公司泡沫一清二楚，但他们却忽视了科特公司的收入十分依赖网络公司这一事实。"芒格后来认为他在这次交易中犯了"宏观经济错误"。

"科特公司的赢利能力曾经非常出众。但在这次危机之后的较长时间里，他们几乎丧失了赢利能力。"在向股东承认错误的时候芒格如是说。

所以，帕巴里将下面这个检查项添加到了他的清单里：在对一家公司进行分析的时候，必须确认这家公司的收入是否因为经济周期的大幅波动而被高估或低估。

效率，清单带来的额外优势

清单革命在行动·投资清单

和帕巴里一样，那位匿名的投资家，暂且称他库克，也制作清单，但他做得更加细致。他会将投资过程各个阶段可能出现的问题分别罗列出来。他把整个投资过程分为 4 个阶段，即研究阶段、决策阶段、执行阶段以及交易完成后的问题监测阶段。他会根据各阶段的特点来设计清单以避免出现错误。这些清单都设置了清晰的检查点，每当到了这些关键节点，他和他的投资团队就会进行相应的检查。

比如，他有一张第三日清单。当对某家公司的分析进入第三天的时候，他们会使用这张清单进行检查。在这个检查点到来之前，他们应该已经完成了对这家公司过去 10 年间财务报表的分析。库克为报表上的每个项目以及不同报表的关联项都制订了详细的检查项。

库克说："在一张财务报表上作假并不难，但要用各类财务报表把谎话给编圆了就没那么容易了。"

比如，有一个检查项要求研究人员仔细分析现金流量表的脚注，而另一项则要求他们仔细阅读重大管理风险陈述，还有一项要求研究人员检查公司的现金流和成本是否与公司报告的收入增长相吻合。

他说："这些都是最基本的分析。但是你瞧，人们就是会经常忘记它们，这非常不可思议。"就拿安然公司的惊天丑闻来说吧，人们完全可以从公司公开的财务报表中发现他们作假。

库克告诉我这样一个故事，曾有一家公司看似非常有前途，这让投

资者"可卡因大脑"又开始"嗡嗡"作响。但事实上，公司高层管理人员在向潜在投资者吹嘘公司前景的同时，已经把自己持有的股份全都悄悄变卖了。这家公司即将遭受巨大亏损，但投资者却对此全然不觉。在库克的第三日清单中有这么一项：研究人员必须仔细阅读公司披露的重要股权变更信息，于是，他发现了这个不可告人的秘密。库克说，**每50次检查可能会有49次一无所获，但就是这一次发现却能让你避免重大损失。**

清单宣言 THE CHECKLIST MANIFESTO HOW TO GET THINGS RIGHT

> 清单能够帮助人们在投资过程中的每一步都尽力保持冷静而睿智的头脑，确保在必要的时候得到所需的重要信息，系统地进行决策，并和每一个应该沟通的人进行充分交流。

清单并不会列出具体的操作步骤，但它能帮助库克在投资过程中的每一步都尽力保持冷静而睿智的头脑，确保他能在必要的时候得到所需的重要信息，让他系统地进行决策，并和每一个应该沟通的人进行充分交流。库克相信，**在清单的帮助下，他和他的伙伴能够将人类的决策能力发挥到极致，所以他完全有信心击败市场。**

我问库克他怎么知道没有欺骗自己。

他说："或许吧。"但他借用外科手术的例子向我解释说：在外科医生确认自己洗干净了手，而团队成员彼此进行了充分交流后（他看过手术安全清单），在没有增长专业技能的情况下，他们却提高了自己的绩效水平；在我们这个行当里，使用清单也能起到相同的作用。

库克不会将使用清单的具体结果告诉我，他的基金不会公开披露投资收益。但他说，他已经看见了明显的效果。他是从2008年开始使用这套清单的，至少他的基金平安度过了那一年的金融风暴。其他人对他的基金给出了更高的评价，认为他们是业内的佼佼者。他们取得的成功有多少能直接归功于清单的使用呢？我们无法给出明确的答案。毕竟，自清单投入使用以来只过去了两年时间。但库克可以肯定的是，在变化越来越快的商业环境里，清单让他们具有一个额外的优势，那就是效率。

对此我感到非常意外。当库克刚刚引入清单的时候，他认为投资团队的决策速度会慢下来，认为这会增加决策所需的时间和工作量。对此，他已经做好了心理准备，并愿意付出相应的代价。毕竟，少犯错能够让他们避免巨大损失，这笔生意划得来。而事实证明，他们进行前期调研的时间虽然增多了，但让他感到惊讶的是，从整体上来看，他们却能在较短的时间里对更多的投资机会进行评估，而整体效率的提高不是一星半点。

> **清单宣言** THE CHECKLIST MANIFESTO HOW TO GET THINGS RIGHT
>
> 在变化越来越快的商业环境里，清单让众多商业人士具有了一个额外的优势，那就是效率。

库克介绍说，在使用清单之前，他们往往要花费数周时间、开数次会议才能决定到底是放弃一家候选公司，还是对其进行更加深入的调查。这一过程并没有截止日期，而且会引发危险。**当人们对一家公司仔细研究了一个月以后，他们往往会决定对其进行投资。但在使用了清单后，他和他的团队发现，他们完全可以在执行第三日清单的时候就做出这一决定。** 他说："虽然决策过程变得更加仔细，但速度却变得更快了。这就像是棒球比赛，我们一旦挥杆把球击出去，就可以全神贯注向前飞奔。"

帕巴里和苏黎世的投资家斯皮尔也发现了相同的现象。斯皮尔以前还雇用了一个投资分析师，不过他现在不需要这个帮手了。帕巴里使用清单已经有一年时间了，他管理的基金市值已经增长了一

倍以上。当然，这不能完全归功于清单的使用。不过他发现，这一举措能够帮助他大幅缩短投资决策的时间，而且让投资分析变得更加完整和系统。

2008年下半年，股票市场开始暴跌，投资人纷纷恐慌性地抛售手中的股票，物美价廉的股票在市场上比比皆是。在一个季度里，帕巴里对100多家公司进行了调查，并将其中10家公司的股票添加到自己的证券组合中。他说如果缺少了清单的帮助，自己根本无法完成那么大量的分析工作，而且对分析的结果也不会那么有信心。**一年之后，他旗下投资组合的市值增长了160%。帕巴里完全没有犯错。**

这些投资家的经历之所以让我感到好奇，不仅仅是因为清单在投资领域同样有效，而且还因为在这个行业里，如此有效的方法同样乏人问津。在金融市场，每个人都在绞尽脑汁赚更多的钱。如果有人表现不错，那么人们就会像饥肠辘辘的鬣狗一样扑上去，试图找出此人获得成功的秘诀。**各种投资诀窍层出不穷，如投资网络公司，购买抵押贷款证券等，但其中绝大多数都很快被市场这个巨大的黑洞无情地吞噬了，而使用清单这种方法却生存了下来。**我问库克有多少人对他使用的清单感兴趣，他回答说："没有人。"事实确实如此，人们对他购买了哪些公司的股票以及购买这些股票的原因非常感兴趣，但当他刚刚说出"清单"这两个字的时候，人们却一哄而散。即便是在自己的公司里，他也发现很难推销这一理念。

库克说："我四处碰壁，我的团队花了几个月的时间才发现清单的价值。"直到今天，有的合伙人依然不使用这种方法，特别是当库克不在的时候，他们就会把清单晾在一边。

他说:"让我感到十分惊讶的是,其他投资人连试一试都不愿意。有些人也曾问过我,但没有人真的把它当回事。"

运用清单系统评估工作

人们对清单的抵触可能是不可避免的。几年前,克莱蒙研究大学(Claremont Graduate University)一位名叫杰夫·斯玛特(Geoff Smart)的心理学家进行了一项足以说明问题的研究。

> 他对51位风险投资家进行了调查,这些人要对尚未赢利的初创企业进行高风险投资,每次出手至少几百万美元。他们与帕巴里、库克和斯皮尔这样的基金经理非常不同,后者只投资成熟的企业,这些公司有多年的公开财务报表可供分析;而风险投资人要在一堆两眼放光、头发油腻、乳臭未干的创业者身上下注,除了一些可能会赚钱的想法和一些笨拙的设计原型以外,他们一无所有。但谷歌和苹果就是这么诞生的,风险投资家相信自己能够找出下一匹黑马并拥有它。

对风险投资人来说,最难做的决定就是是否要把大把钞票投给某个创业者。斯玛特对他们的决策过程进行了仔细研究。你可能会认为风险投资家会根据创业计划的好坏来进行决策。但实际上,**找到好的创业思路并不是一件特别困难的事情,真正困难的是找到能够把好想法变成现实的创业者**。要把好的理念变成可行的操作计划,需要投入大量的时间和精力建设团队,需要应对各种压力和挫折,

需要解决技术和人事方面的问题，还需要有钢铁般的意志和非同一般的专注力并坚持数年。这样的人非常罕见，简直是凤毛麟角。

斯玛特发现，风险投资家挑选合适人选的方法有很多种。实际上，不同方法反映出的思维方式也不相同。

有一类投资者被称为**"艺术评论家"**，他们只要看一眼，就能知道眼前的创业者够不够格，就像艺术评论家品鉴一幅油画是不是真品一样。他们靠的是直觉和多年积累下来的经验。

还有一类投资者被称为**"海绵"投资家**，他们会花更多时间收集有关候选人的信息。他们像海绵一样，在面试、实地考察以及和举荐人的交流过程中收集有用的信息，然后再根据自己的感觉进行决策。正如一位"海绵"投资家告诉斯玛特的那样，他们会随机挑选某些方面收集信息，这样就不会被大量的分析工作累垮。

还有**"检察官"投资家**，他们会像审犯人一样对创业者进行盘问，会用刁钻的问题来考验对方，让对方解决一些专业难题，或让他们回答如何处置一些假设的情况。而**"求婚者"投资家**在乎的是如何与对方联姻，而不是如何评估对方。**"终结者"投资家**则认为选择合适人选的努力是徒劳的，这类投资家不会浪费时间对创业者进行评估，而是会从他们手里买下很有前景的商业计划，炒掉无能的创业者，然后雇人代替他们。

还有一类投资家被斯玛特称为**"机长"投资家**，他们用清单系统地完成评估工作。他们会对自己和他人犯过的错误进行研究，并从中吸取教训。他们还会编制正式的清单以防止此类错误再次发生。"机长"投资家强迫自己严守纪律，即便是直觉告诉他们某个候选人非常出色，他们还是会严格执行各项检查程序。

斯玛特对各类风险投资家的业绩进行了跟踪调查。到底谁能更胜一筹呢？我想你能轻松猜到这个问题的答案，那就是"机长"投资家。研究发现，**"机长"投资家后来因为创业者无能而将其炒掉，或承认自己评估错误的概率是 40%，比其他类型的投资者低 10%。**

"机长"投资家的投资回报也很有说服力。

清单的力量 THE CHECKLIST MANIFESTO HOW TO GET THINGS RIGHT

> 调查显示，"机长"投资家的投资回报中位数是80%，而其他类型投资家则不到35%。这并不意味着其他投资家的投资能力比"机长"逊色，经验的确是很重要的，但清单的使用能够给投资者带来更大的成功。

最有趣的一个发现是，**大多数风险投资家属于"艺术评论家"和"海绵"投资家，他们都是不进行系统分析的直觉型决策者。**在调查对象中，"机长"的人数只占到1/8。你或许会认为，这是由于大多数人不知道清单而造成的。但事实上，即使人们知道了也不会做出什么改变。斯玛特在十多年前就发表了自己的研究成果，后来他还撰写了一本名为《聘谁》（*Who*）的书对此进行详细说明。现在大家应该已经知道采用这一方法的好处了，但当被问及"机长"投资家的比例是否有所提高时，斯玛特却说："没有，他们的人数依然很少。"

建构注重合作和纪律的文化

人们不喜欢清单,因为它们需要人们投入大量精力,而且并不有趣。但我并不认为人们这么想仅仅是出于懒惰。我觉得,大家之所以对能够帮助人们救命挣钱的清单视而不见,有着思想上的深层原因。我们有时候会不由自主地觉得使用清单会让人感到尴尬。在我们内心深处,那些站在风口浪尖、从容不迫的大英雄不会使用清单。他们英勇果敢,随机应变,从不循规蹈矩。

也许,我们需要给英雄重新下个定义了。

清单革命在行动·航空业

2009年1月14日,世界卫生组织发布了手术安全清单。碰巧的是,就在第二天,全世界见证了航空史上的一次伟大奇迹。那一天,全美航空公司1549号航班从纽约拉瓜迪亚机场(La Guardia Airport)起飞,机上载有155人。不幸的是,飞机在曼哈顿上空撞上了一大群加拿大鹅,导致飞机两台发动机全部停车。但不可思议的是,飞行员成功地将飞机迫降在冰冷的哈得孙河上,而且没有一人在事故中死亡。因此,媒体将这一事件称为"哈得孙河上的奇迹"。美国交通运输安全委员会(National Transportation Safety Board)的一位官员认为这是"航空史上最成功的一次水面迫降"。57岁的机长切斯利·萨伦伯格三世(Chesley B.Sullenberger III)[①]曾是一位空军

[①] 英雄机长萨伦伯格的亲笔讲述这次传奇迫降的著作《最高职责》简体中文版,已由湛庐文化策划,北京联合出版公司出版。——译者注

飞行员，飞行时间累计达两万多小时。事件发生后，他成了全世界瞩目的英雄。

在报道这一事件的时候，《纽约邮报》（New York Post）使用了这样的大字标题："美国机长是一位低调的飞行英雄。"ABC新闻则将其称为"哈得孙河上的英雄"；德国报纸毫不吝啬地称其为"纽约英雄"；法国媒体使用的则是"新诞生的美国英雄"；西班牙媒体也称其为"纽约的英雄"；前总统小布什亲自打电话向他表示感谢；而时任总统奥巴马则邀请他和他的家人参加5天后举行的就职仪式。萨伦伯格的家住在加州的丹维尔，全球各地的摄影记者纷至沓来，想要抓拍到他妻子和孩子的照片，他们家的草坪都被踩烂了。在当地，人们还为萨伦伯格举行了盛大的游行，而书商则与他签下了价值300万美元的出版合约。

当公众通过各种渠道得知更多有关这一事件的细节之后，他们发现萨伦伯格并不是单枪匹马的孤胆英雄，还有其他很多因素共同创造了这样一个奇迹，如飞行员使用的标准程序和清单、帮助飞行员进行完美滑翔的电传操纵系统、与萨伦伯格共同沉着应战的副机长，还有在飞机迫降后，帮助所有乘客迅速撤离的空乘人员。正如萨伦伯格在首次接受新闻采访时所说的那样："我想更正一下大家的看法，奇迹的创造不是我一个人的功劳，这是所有机组成员共同努力的结果。"他认为，在这起事件中，他个人的飞行技能可能很重要，但不容忽视的是，团队合作和坚决执行标准程序也同样是非常重要的。

不过，公众最后还是将他的这番话理解为他的谦虚。一个月以后，虽然纽约市为5位机组成员而不是萨伦伯格一个人颁发了荣誉钥匙，虽然他们共同接受了各大新闻网的"独家"采访，而且在当年的橄榄球总决赛开赛之前，他们来到了坦帕湾（Tampa Bay）的超级碗体育场（Super Bowl）接受全场7万多名观众的起立喝彩，但是媒体已经为这一系列报道定下了基调，他们不想谈论团队合作和

标准程序，而只是关心一个故事，那就是萨伦伯格如何用当年在军校里学到的滑翔机驾驶技巧，创造出航空史上的水面迫降奇迹。萨伦伯格说："驾驶滑翔机是在很多年前的事情了，而且那些滑翔机和现在的喷气客机非常不同，我觉得这些经验没有太大作用。"

正如哈得孙河迫降事件，人们似乎就是不能接受这样一个现实：**如今，创造奇迹光靠单枪匹马是不行的，而要靠各方因素的有效协同。**

萨伦伯格驾驶的是一架由空客生产的A320喷气客机。这种飞机有两台发动机，两侧机翼上各吊挂了一台。事故发生当天，天气非常寒冷，但天空却非常晴朗。1549号航班于当天下午3:25起飞，目的地是北卡罗来纳州的夏洛特。当时，飞机由副机长杰弗里·斯基尔斯（Jeffrey Skiles）驾驶，萨伦伯格则担当"不把杆飞行员"的职责。值得一提的是，两人在此次飞行之前从来没有合作过，但他们都是经验丰富的老飞行员，斯基尔斯的飞龄与萨伦伯格相当。他以前的主飞机型是波音737，并一直担任机长。后来因为公司精简人员，他才不得不改飞空客A320，并降格为副机长。你可能会认为两位飞行员的经验都很丰富是一件好事，但事实未必如此。

> 不妨让我们来设想一下这样的情景，你聘请了经验非常丰富但素未谋面的两位律师为你在法庭上进行辩护，或者在NBA总决赛即将打响之际，两个互不相识的顶级教练同时执教一支队伍。这时候，事情很可能会被搞砸。

不过，在飞机离开登机口和发动机启动之前，两位飞行员严格执行了标准的操作流程。其他大多数行业的专业人士往往不会这么做。他们共同执行了检查程序,确认每一位机组成员都进行了自我介绍。他们还进行了飞行简报,对飞行计划、可能发生的问题,以及相应的应急预案进行了讨论。正是因为没有跳过这几分钟的标准程序,他们不但检查了飞机的安全状况,而且还顺利地组成了一个团队。这个团队将有效分工合作,共同面对将要发生的一切。

在常人看来,像萨伦伯格和斯基尔斯这样的资深专家可以轻松跳过这些无聊的标准程序。所有机组成员的飞龄加起来已经有150年,在如此漫长的职业生涯里,他们一次又一次地执行清单,不断在模拟舱里进行练习,而且每年还要学习更新过的检查项。这些例行检查在大多数时候是没有什么意义的,他们从未出过飞行事故,完全有理由相信自己能够安全地结束职业生涯。他们碰到各种问题的概率极低,远远小于医生、投资者或律师等专业人士出问题的概率,但他们仍然一丝不苟地执行清单。

他们并不一定需要这么做。仅仅是在30多年前,一些飞行员在执行清单的时候依然马马虎虎。他们会说自己从来就没有发生过问题,或者说:"让我们起飞吧!一切都会顺利的。"他们还会说:"我才是这架飞机的机长,这些清单是在浪费我的宝贵时间。"就拿1977年的特内里费(Tenerife)特大空难来说吧,这是有史以来死亡人数最多的一次空难。

> 两架波音747大型客机在加纳利群岛一条大雾弥漫的跑道上高速相撞,导致583人死亡。肇事飞机属于荷兰皇家航空公司(KLM),该机机长错误地将塔台发出的等待

起飞指令理解为准许起飞指令。随机工程师觉得塔台的指令不清，向机长发出了警告，但机长对此置若罔闻。当飞机在跑道上开始加速的时候，泛美航空公司的另一架747飞机尚未撤离跑道。

"泛美的飞机是不是还在跑道上？"随机工程师向机长提问说。

"已经撤离了。"机长固执己见，并继续推油门杆。

机长错了。虽然随机工程师的判断是正确的，但是机组并没有为这一时刻做好准备，他们没有成为一个真正的团队。所以随机工程师从未想过自己可以打断机长，让他停下来搞清楚状况，就更别提想到自己有责任这么做了，而一意孤行的机长将他们全都送上了黄泉路。

人们之所以不喜欢执行清单，是害怕自己会变得死板。对于以前的飞行员来说，他们可不想让自己变成机器人，只知道埋头于清单，而对风挡外的现实世界不管不顾。但精心设计的清单恰恰不会让你变得死板，它们会帮助你节省有限的脑力，不让你的头脑被繁杂的检查项目所占据，而是让你解放出来处理更加困难的问题。如我们应该在哪里降落？升降舵是否已经解锁？病人是否已经注射了预防性抗生素？基金经理是否已经卖出了所有股份？所有相关人员是否已经到场？

不妨让我们看看下面这张非常简短的清单都包括哪些内容。

> **清单宣言** THE CHECKLIST MANIFESTO HOW TO GET THINGS RIGHT
>
> 精心设计的清单会帮助你节省有限的脑力，不让你的头脑被繁杂的检查项目所占据，而是让你解放出来处理更加困难的问题。

> **THE CHECKLIST MANIFESTO**
> How to Get Things Right
> 清单革命在行动·航空业

这是一张专门为塞斯纳（Cessna）单引擎飞机发动机空中停车（与全美航班遇到的情况相同）设计的清单。这种小飞机由单人驾驶，不像全美航空的 A320 那样由双人驾驶。这张清单精简到只剩下 6 个步骤，如不要忘记重新启动发动机，确认燃油阀位于开启状态，打开备用油泵等。但最吸引人的是这张清单上的第一步，这个步骤说得非常直白，那就是驾驶飞机！飞行员有时候会惊慌失措，一味地埋头重启发动机，或一个劲儿地思考出了什么问题，但却把最基本的任务抛在了脑后，那就是操纵飞机。可见这样的清单一点也不死板，它们会帮助人们尽可能减少出错的概率。

清单创造的生命奇迹

起飞一分半钟以后，全美航空 1549 号航班爬升到 1 000 米高度。就在这时，他们撞上了一群加拿大鹅。撞击发生得非常突然，萨伦伯格的第一反应是俯身躲避。飞鸟撞击风挡和引擎发出的声音非常大，舱音记录器也将它们记录了下来。正如后来的新闻报道所说的那样，飞鸟撞击飞机事故发生过成百上千起，但造成严重后果的非常罕见，遭受两只以上飞鸟撞击的事故就更加罕见了。

> 工程师在设计飞机引擎的时候专门考虑过这一问题，不幸被吸入引擎的飞鸟多多少少会被汽化。但加拿大鹅的

> 体型很大，在鸟类中名列前茅，体重往往会超过5千克，任何一种飞机引擎都没办法完全汽化它们。如果不能将飞鸟汽化，喷气发动机会自动停车，这样就不会发生爆炸，发动机残片也不会飞出去刺穿机翼和机身，或伤害到旅客。而这架飞机的两台引擎竟然吸入了3只以上加拿大鹅，这种情况少之又少。所以，在撞击发生后，两台引擎立刻停止了工作，飞机随即失去所有动力。

当这一切发生后，萨伦伯格做出了两个重要决定。首先，他从副机长斯基尔斯那里接管了飞机的操控权。其次，他决定在哈得孙河上迫降。在当时的情况下，似乎没有其他选择，萨伦伯格不假思索地做出了决定，因为他们发现飞机的速度不够快，飞不回拉瓜迪亚机场，也飞不到空管人员建议的新泽西州泰特伯乐机场。

至于谁来驾驶飞机这个问题，两人的飞行经验都非常丰富，但萨伦伯格驾驶A320的经验比斯基尔斯多很多。而且飞机左侧有很多需要避开的地标性建筑，如曼哈顿的摩天大楼、乔治·华盛顿大桥等，而机长的座位位于驾驶舱左侧，所以机长驾机比较容易看清这些地标，并躲开它们。此外，斯基尔斯刚刚完成A320紧急情况处置培训，对于马上就要用到的清单也只是刚刚熟悉。所以，由萨伦伯格驾机是明智的选择。

"我驾驶飞机。"萨伦伯格一边用标准用语说，一边把手放到了操纵杆上。

"你驾驶飞机。"斯基尔斯答道。**他们并没有争论接下来该做些什么，甚至都没有进行讨论。实际上他们也不需要这么做，因为在执行起飞前的准备程序时他们已经组成了团队，交流了紧急情况的**

处置预案。萨伦伯格将负责寻找距离最近、安全性最高的着陆场所，而斯基尔斯则负责执行发动机停车清单，尝试再次启动发动机。除了近地警告系统不断发出的"拉起"警报声以外，机舱里听不到其他声响。每个飞行员都专注于自己的任务，并时不时地观察同伴的动作以便使得整个操作协调一致。

在整个事件中，两位飞行员都扮演着非常重要的角色。我们总觉得副机长是摆设，以为他们只是因为闲着无聊才找些事情做。但现在的飞机非常复杂，安全飞行既离不开机长，也离不开副机长。就好像手术的实施既需要外科医生，也需要麻醉医生一样。

> 在执行飞行任务的过程中，两位飞行员中的一个负责操控飞机，而另一个则主要负责操控各种飞行仪表和执行清单，他们往往会在返程时交换彼此的职责。而当飞机碰到紧急情况的时候，我们很难判断谁的工作更艰巨，更具挑战性。这架飞机的滑翔时间只有 3 分半钟，在这么短的时间里，斯基尔斯要完成重启发动机的所有程序。如果发动机重启失败，他还要为飞机进行水面迫降做好准备。但仅仅是重启一台发动机的时间就很可能超过 3 分半钟，他必须迅速做出选择。

飞机快速向地面冲去，斯基尔斯果断做出判断，他认为求生的最大希望是迅速启动一台发动机，所以他决定把绝大部分精力集中在执行发动机停车清单上，而且要以最快的速度执行完毕。他们并不清楚发动机的损坏情况到底有多严重，但只要能够恢复部分动力，飞机就能重返机场。最后，斯基尔斯竟然完成了重启两台发动机所

需的所有操作。调查人员事后模拟了当时的情况，但他们无法在那么短的时间里完成那么多操作。

更不可思议的是，斯基尔斯并没有放弃水面迫降程序。虽然他没有时间完成清单上列出的所有步骤，但他至少让飞机成功发出了遇难信号，并尽全力让飞机的各种装置和操控面符合水面迫降要求。

"襟翼是否放下？"萨伦伯格问道。

"襟翼已经放下。"斯基尔斯答道。

萨伦伯格竭尽全力控制飞机向水面滑去。但即便是在这个时候，萨伦伯格也不是凭借一己之力完成高难度动作的。正如也曾是飞行员的记者威廉·朗格维舍（William Langewiesche）所说的那样，飞机的电传操纵系统能够让飞行员轻松驾机并做出完美的滑翔动作，这并不需要飞行员掌握特别高超的飞行技艺，这种系统能够防止飞机发生机头偏转或机身摇晃的情况。

在飞机转向的时候，电传操纵系统能够自动调整飞机的尾舵以避免机头发生侧移。在飞机的电子仪表主显示器上会显示出一个绿点，萨伦伯格只需将飞机的矢量标记对准这个绿点就能让飞机完美滑翔。而且这套系统还能让飞机保持获得升力的最佳攻角，防止飞机抬头过高，这样飞机就不会因为失速而坠落。在电传操纵系统的帮助下，萨伦伯格可以把注意力集中到更加重要的问题上，如尽量在渡口旁寻找着陆点以便乘客获得救援，还有就是在飞机接触水面的时候尽量让机翼保持水平。

与此同时，希拉·戴尔（Sheila Dail）、唐娜·登特（Donna Dent）和多琳·威尔士（Doreen Welsh）也在座舱内执行着她们的清单。

> 她们要求乘客低头俯身，用双手抓住脚踝以缓冲着陆时的巨大撞击。待飞机迫降后，空乘人员指导乘客穿上救生衣。她们要确保在飞机停下后迅速打开舱门，确保乘客不会因为拿行李而浪费宝贵的逃生时间，确保他们不会因为救生衣提前充气而被卡在飞机里。冰冷的河水从机身裂缝中渗进了飞机的后舱，而在后舱值守的威尔士蹚着齐胸深的刺骨冰水坚持完成各项操作。虽然在4个紧急出口中只有两个能够顺利开启，但在空乘人员的共同努力下，所有乘客在3分钟内全部撤离随时会下沉的飞机，没有比标准要求多用1秒钟时间。

当疏散工作正在进行的时候，萨伦伯格来到座舱，查看乘客撤离的情况，并检查飞机迫降后的状况。而斯基尔斯则留在驾驶舱里执行疏散清单，防止起火等情况发生。直到所有程序都执行完毕后，他才撤离。大量渡轮和船只从四面八方赶来，哪怕飞机上有更多的乘客，也不会有人因为船上空间不够而继续泡在冰冷的河水中。由于飞机的油箱只装了一半油，里面的空气让整架飞机稳稳地漂浮在水面上。于是，萨伦伯格有时间进行最后一项检查，他沿着过道走遍了整个座舱以确保没有一位乘客被落下。最后，他的身影终于出现在舱门口。

这起事件的整个处理过程出奇地顺畅。萨伦伯格后来告诉媒体说："当我再次见到副机长斯基尔斯的时候，我们不约而同地说了一句，'情况看起来并没有我们想象的那么糟糕。'"

到底谁是真正的英雄呢？我们实在是找不出答案。这的确是一个奇迹。首先，他们的运气非常不错。由于事故发生在白天，所以

飞行员能够目视寻找安全的着陆地点。其次，着陆地点附近有大量船只，这样乘客就不会因为浸泡在冰冷的河水里而体温过低。事故发生时，飞机具有一定的高度，可以避开乔治·华盛顿大桥。再次，飞机是在河上顺着波浪运动的方向降落的，所以，迫降造成的冲击力不会像飞机逆流降落或在海上迫降那么大。

即便如此，机上的155人还是很有可能会命丧黄泉。拯救他们生命的是比高超飞行技艺更不寻常、更难得的一种能力：**全美航空1549号航班的全体机组人员能够在千钧一发的时刻坚决执行重要的清单，并保持沉着冷静。**他们很清楚何时应该随机应变，何时应该严守纪律。他们知道如何应对复杂而危险的情况，并为此进行了有效的团队合作，预先做好了准备。

这才是他们真正与众不同的地方，是他们能够在这个时代成为英雄的关键所在。这些品质是非常少见的，我们必须清醒地意识到，其他行业也同样需要这些宝贵的品质。

纪律，职业精神的内涵

所有行业都给职业精神这套行为准则下了定义。职业精神反映出从业人员应该具有的理想和必须承担的责任。虽然这些准则有时是成文的，有时是不成文的，但它们至少有4个共同的组成要素。

第一条是无私。无论我们是医生、律师、教师、政府官员，还是士兵或飞行员，作为一个有职业精神的人，我们应该把委托人的利益放在自己的利益之上。

第二条是训练有素。我们应该追求卓越，掌握更多的知识和专业技能。

第三条是值得信赖。我们要对个人行为和肩负的担子负责。

第四条是遵守纪律。这是飞行员为他们的职业精神特别添加的一条。他们坚决执行审慎的程序，并与其他机组成员通力合作。大多数行业的职业精神往往少了这一条，包括医疗行业在内。医生总是把自主当作最重要的职业素养，这与严守纪律是格格不入的。在如今这个纷繁复杂的世界里，成功往往需要大型企业、专业团队和高风险技术这些元素，还需要超出个人能力范围的复杂知识。我行我素不应该成为我们追求的理想，这种品质反映出的更多的是保护主义，而不是卓越不凡。我们的职业精神偶尔会要求医护人员达成"共治"，但人们在工作中仅仅做到彼此尊重是远远不够的，我们还需要遵守纪律。

> **清单宣言** THE CHECKLIST MANIFESTO HOW TO GET THINGS RIGHT
>
> 我行我素不应该成为我们追求的理想，这种品质反映出的更多的是保护主义，而不是卓越不凡。

遵守纪律是很困难的，这要比做到值得信赖、训练有素甚至是无私都要困难。我们天生就有瑕疵，而且善变，很多人就连不吃零食都做不到。**人类并不是为遵守纪律而生的，我们喜欢寻求新鲜和刺激的东西，不喜欢关注细枝末节。**为了遵守纪律，我们必须付出一定的努力。

这可能就是航空业要求各类机构将遵守纪律变成一种规范的原因。20世纪30年代，一小批空军飞行员发明了起飞前清单。这一发明的巨大力量让许多组织应运而生。

在美国，我们有交通运输安全委员会专门对事故原因展开独立调查，并就如何避免同类事故的发生提出建议。我们还制定了全国性的法规以确保这些建议变成实用的清单，并让各家航空公司的飞行员认真执行。

防范错误，我们别无选择

我们一定不能让清单变成僵化的教条，就算是最简单的清单也需要不断改进。飞机制造厂商在每一张清单上都印刷了发布日期，这说明清单的内容会时常发生变动。最后，我们必须认识到，清单只是一种支持，如果它起不到这个作用，就没有存在的必要；但如果它真能起到这个作用，我们就应该敞开心扉接受它。

> **清单宣言** THE CHECKLIST MANIFESTO HOW TO GET THINGS RIGHT
>
> 我们一定不能让清单变成僵化的教条，就算是最简单的清单也需要不断改进。

人们很乐意向计算机寻求帮助，这种高科技向我们展现了通过使用自动化来防止人类犯错的美好前景。计算机的确能帮我们做很多事情，如计算、处理、存储和传输。毫无疑问，科技能够增强我们的能力。但还有很多事情是科技难以做到的，如应对不可预测的事情，管理不确定性，设计建造高耸入云的大厦，或实施能够挽救生命的手术。而且在很多方面，科技让这些活动变得越来越复杂。**人类赖以生存的很多系统已经非常复杂了，而科技无疑增加了这些系统的复杂性，为我们提供了新的犯错机会。**

现代生活的一大特点是对于各种系统的依赖。我们要将不同的人、不同的技术，或将两者整合起来。由此引发的最大问题就是如何让系统有效运作。比如在医疗过程中，如果我希望病人能够得到最好的治疗，那么光靠我一个人的努力是不够的，手术团队的所有成员以及各种手术设备必须有效协同。从系统的角度来看，医疗过程和汽车的生产过程是一样的，这是唐纳德·伯威克（Donald Berwick）提出的观点。他是波士顿医疗卫生改善协会（Institute for Healthcare Improvement）主席，对如何构建理想的医疗系统做了很多深入的思考。在他看来，无论是生产汽车，还是治病救人，只有优秀的组成部分是远远不够的。

> **清单宣言** THE CHECKLIST MANIFESTO HOW TO GET THINGS RIGHT
>
> 清单是一种支持，如果它起不到这个作用，就没有存在的必要；但如果它真能起到这个作用，我们就应该敞开心扉接受它。

在医疗系统中，我们总是热衷于拥有完美的组成部分，想要得到最好的药物、最好的设备和最优秀的专家。但我们却很少思考如何让这些部分互相匹配，组成最有效的系统。伯威克认为这种理念是非常错误的，他说："**任何一个对系统略知一二的人都会很快意识到，仅仅依靠最优化系统的各个部分并不能创造出最优的系统。**"他为我们举了一个有关用最优秀的部件组装汽车的例子：如果把法拉利的引擎、保时捷的刹车、宝马的悬挂和沃尔沃的车身组装在一起，你能得到什么呢？他说："我们得到的不可能是最好的汽车，而只能是一堆昂贵的垃圾。"这听起来似乎非常好笑，但在医疗行业，我们恰恰就是这么做的。

> 美国国家卫生研究院每年要花费 300 亿美元开展各项医学研究，他们取得的成果非常丰硕。但我们却没有将这些伟大的研究成果转化为日常实践的国家卫生系统革新研

究院，没有像交通运输安全委员会那样迅速对事故原因展开调查的组织，没有像波音公司那样编制相应清单的机构，更没有每月跟踪改进措施实施效果的组织。

相同的情况也出现在其他很多行业。教师、律师、政府官员和金融业者也不会对经常犯的错误进行仔细研究，不会为防止这些错误再次发生而寻找解决方案，更不要提对解决方案不断进行改进了。

但我们应该这么做，这是我最想强调的一点。**每个人都会犯错，会忽略细节，会一时想不起学过的知识。但在大多数情况下，人们想到的只是努力，努力，再努力。一方面努力提高自己的技艺以减少犯错的可能性，另一方面，在问题发生后努力减少损失。**但几十年前发明清单的飞行员可没有这么想。当崭新的299型轰炸机展现在他们面前时，他们想到的却是没有人能够保证自己在驾驶这么复杂的飞机时不犯一点错误。他们也可以让飞行员接受更多培训，或者把飞行事故简单地归咎于飞行员技艺不精。但他们没有这么做，而是承认人类的不完美，并且发明了简单、实用而且有效的清单。

我们也可以学习他们的做法。实际上，在极端复杂的世界里我们必须这么做，因为我们别无选择。只要稍加留意我们就会发现，相同的错误会一遍又一遍地发生，即便是那些英勇果敢、才华横溢的人也不例外。我们已经知道了犯错的规律，但仍为此付出了沉痛的代价。所以说，该是尝试一下新办法的时候了……

清单宣言 THE CHECKLIST MANIFESTO HOW TO GET THINGS RIGHT

> 请承认人类的不完美，每个人都会犯错。在极端复杂的世界里，我们必须改变观念，因为我们别无选择。

让清单革命融入你的观念

2007年春，当我们的手术安全清单渐渐成形的时候，我开始在自己的手术室里使用这张清单。之所以这么做，并不是因为当时迫切需要它，而是因为我想确认它的确有用。此外，我们即将在全球8家医院展开测试，我也不希望别人觉得我道貌岸然只动员别人，所以，我想最好亲自试用一下这张清单。你可能会问我是否打心底里觉得"这一发明真的可以让我自己的手术变得更安全，让我少犯很多愚蠢的严重错误"？假如你扒光我的衣服，让我躺在手术台上，并且威胁我说，如果我不说实话，就在不实施麻醉的情况下活生生地切除我的阑尾，那么我会告诉你：别，千万别！我可不想犯什么大错，清单的效果最好不要体现在我身上！

但让我感到难堪的是，自从这张清单投入使用以来，我没有一周能逃过它的法眼。就拿上周来说吧，仅仅在5次手术中，我就被抓住了3次。

第一次是我发现有一个病人在手术前没有注射预防性抗生素，这是最常见的一个错误。麻醉团队忙于各种事务，所以分了心，光是寻找适合注射的静脉血管就花了很多时间。还有一个监视器也突然"罢工"了，给他们制造了不少麻烦。这时，护士让大家停下来，一起执行皮肤切开前检查清单。

"病人是否在60分钟内注射了抗生素？"我一边看着墙上贴着的清单一边说。

> "嗯，还没有，我马上就给他注射。"住院实习麻醉医生回答道。整个手术团队等了1分钟时间，然后助理护士才把手术刀递给我。

第二次是一个病人特地关照我们不要给她注射抗生素。她说抗生素会让她感到肠胃不适，而且会引发酵母菌感染。她很清楚注射预防性抗生素的好处，但由于她的这台手术引发伤口细菌感染的可能性非常小，不到1%，所以她愿意冒这个风险。但注射抗生素是一种例行操作（当我们没有分心时），以致她差一点被注射了两次。

> 第一次是在麻醉前，她自己发现了问题，并提醒了我们。第二次则是在麻醉后，我们在执行清单的时候发现了这个问题。当时手术就要开始了，在交流注意事项时，护士提醒大家不要给病人注射抗生素。麻醉医生感到非常惊讶，因为她正准备给病人注射，此前病人和我们交谈的时候她并不在场。

第三次则是在为一个60多岁的老妇实施甲状腺切除术的时候。她的甲状腺可能会病变，所以我要将她的半个甲状腺切除。她患有许多疾病，需要服用和注射一堆药物。她以前还有吸烟史，烟龄很长，几年前刚把烟戒掉，不过戒得还算彻底。这位老妇能毫不费力地爬两层楼梯，她的身体状况看起来还不错。我在用听诊器为她进行检查的时候没有发现她的肺部有杂音，病历记录也没有显示她有肺病。但她在手术前告诉麻醉医生说，自己以前曾做过两次手术，术后发生了呼吸困难的情况，每次都需要在家吸氧好几周才能恢复过来，其中有一次她甚至要求接受重症监护。

> 这是一个很严重的问题。麻醉医生了解这一情况，但我却不了解。在手术前执行清单的时候，麻醉医生问我为什么不让病人留院观察，他说病人有呼吸问题。
>
> "什么呼吸问题？"我问道。这时我才从麻醉医生的口中了解到全部情况。于是，我们为这位病人安排了留院观察。而且，我们还决定让她在术中和术后使用吸入器以防止呼吸问题。结果，这位病人不需要额外吸氧就平安出院了。

这个世界需要一场清单革命

无论一台手术多么平常，每个病人都是独特的。在清单的帮助下，我们发现了很多潜在问题，其中包括药物过敏、设备故障、用药不当、活检标本标记错误等。比如"不，这个是右侧的，这个才是左侧的"。这些都要求我们制订的清单更加周详，手术的准备工作也才能更加充分。如果没有清单，不知道我们会漏掉多少可能会给病人造成巨大伤害的差错。有人可能会说，我们平时的警觉程度和注意力集中程度足以让我们发现严重问题，没有被我们发现的问题不会给病人造成太大伤害。

但有一次，清单的的确确挽救了我收治的一个病人的生命。

> **THE CHECKLIST MANIFESTO**
> How to Get Things Right
> **清单革命在行动·医疗业**

　　这位病人是哈格曼先生，他已经 53 岁了，是两个孩子的父亲，还是当地一家公司的老总。他的右侧肾上腺长了一个罕见的嗜铬细胞瘤，所以我要通过手术将其右侧的整个肾上腺摘除。这种罕见的肿瘤会让肾上腺素分泌过量，而且很难摘除。虽然此病非常罕见，但近年来，我除了普外科手术外，还对内分泌腺手术产生了浓厚的兴趣，并掌握了不少手术技术，积累了不少实践经验。我已经成功实施了近 40 台肾上腺肿瘤手术，而且无一例发生并发症。所以，哈格曼先生前来就医的时候，我对为他成功实施手术非常有信心。不过，我向他解释说，发生严重并发症的风险总是存在的。这台手术的危险主要在于把肾上腺从下腔静脉剥离这一操作上。下腔静脉是让血液回流心脏的主静脉，在进行这一操作时，如果下腔静脉破裂，就会造成大出血，这会危及病人的生命。但我向他保证，发生这种情况的可能性微乎其微。

　　不过一旦进了手术室，谈论概率的大小是没有意义的，危险情况要么发生，要么不发生。不幸的是，这次我碰到了大麻烦。

　　我用腹腔镜实施手术，插入哈格曼体内的光纤摄像头将他体内的影像传到屏幕上。我一边看着屏幕上的图像，一边控制随着腹腔镜进入他体内的手术工具切除肿瘤。手术进行得非常顺利，我掀起他的肝脏，有一团软软的棕黄色腺体出现在我眼前，这团东西看起来就像是熟鸡蛋黄，我开始动手将其剥离下腔静脉。虽然这一操作要求医生非常细心，但其难度并不是特别高。就在我快要将腺体整体剥离的时候，一件从未发生过的事情不幸发生了：我把病人的下腔静脉弄破了！

　　这是一场巨大的灾难！我造成的伤害好比在哈格曼先生的心脏上直接扎了个洞，大量鲜血从裂口处喷涌而出。在短短 60 秒钟内，他体内所有的血液差不多全都流到了腹腔里。他的心脏停止了跳动，我以最快的速度打开他的胸腔和腹腔，并用手握住他的心脏，每隔3秒挤压一次，以维持他的脑部供血。我身旁的住院医生则用力压住病人的下腔静脉以减缓出血的速度。但我明显感到，哈格曼先生的心脏变得越来越空。我心想这下完了，哈格曼先生没法活着走出手术室了，我害死了他。

但不幸中的万幸是，我们在手术前执行了清单程序。在估计病人的失血量时，我说失血量应该不会太大，在这类手术中，我从来没有让病人失血超过100毫升。我很自信，很期待这台手术。但我又说，由于肿瘤紧紧贴着下腔静脉，所以至少在理论上大出血是有可能发生的。听到这番话后，护士马上通知血库准备好4个单位浓缩红细胞以防万一。想不到这一次它们真的派上了用场。正是因为清单让血库做好了充分准备，仅仅这一个检查项就挽救了这个病人的生命。

不仅如此，执行清单这一过程也起到了很大作用。手术室里除了我以外，还有麻醉医生、麻醉护士、外科住院医生、手术助理护士、巡回护士和医学院学生。此前，我只和他们中的两个人有过合作，而且只和外科住院医生比较熟识。但在手术开始前，我们都进行了自我介绍："我是主刀医生阿图·葛文德；我是外科住院医生里奇·布拉福德（Rich Brafford）；我是护士苏·特沃迪（Sue Twardy）……"你可以感觉到，一个真正的团队正在形成。我们对病人腕带上的姓名进行了核实，确认了哪一侧的肾上腺将被摘除。麻醉医生和护士确认没有需要提醒的注意事项，大家确认病人已经注射了预防性抗生素，确认已经给他盖上了加热毯，并让他穿上了防止静脉血栓形成的充气靴。进入手术室的时候我们还是陌生人，但在病人的皮肤被切开之前，我们已经成了齐心协力、共同应对挑战的团队。

所以，当我失手酿成大祸的时候，每个团队成员都保持了镇定。巡回护士发出警报让其他医护人员赶到手术室，她还立刻从血库里取出准备好的血袋，麻醉医生则开始不停地给病人输血补液。大家有条不紊地开展各项工作，有的负责搬来我需要的设备，有的则呼叫能够帮上忙的血管外科医生，有的协助麻醉医生输血，有的则将进展通知血库以便做好进一步备血准备。整个团队为我和病人赢得了宝贵的时间。

最终，我们给病人输了30个单位的血，他的失血量是他原来体内所含血量的3倍。我一边盯着监视器上显示的血压读数，一边用手挤压他的心脏，他的血液循环终于没有因为失血过多而停止。闻讯赶来的血管外科医生和我花了很长时间才修补好病人下腔静脉上的裂口，我感到病人的心脏恢复了自主跳动。最后，我们将他的伤口缝好，哈格曼先生挺了过来。

我不想骗大家说哈格曼安然无恙地离开了手术室。持续的低血压破坏了他的一条视神经，他一侧的眼睛几乎完全失明。在术后的几天里，他一直靠呼吸机维持呼吸。在此后的数月里，他都无法工作。这次失误让我遭受了沉重打击，虽然我向他道了歉，并重新回到了工作岗位，但好长时间我都没缓过这口气。此后，每当实施肾上腺切除术的时候，我都会想起这次经历。但从另一个角度看，这也许是件好事，它迫使我不断尝试改进技术，希望能够想出办法更好地保护下腔静脉，防止此类情况再次发生。

正是因为这次遭遇，我对清单感激不尽。如果那天我们没有执行清单程序，事情又会变成什么样子呢？这个问题的答案我连想都不敢想！我不愿意想象自己走出手术室将噩耗告诉病人家属的场景。

不久前，我和哈格曼先生通了电话。他成功地卖掉了自己的公司，并且正在努力让另一家公司扭亏为盈。他每周抽 3 次时间跑步锻炼，甚至能够自己开车了。

他说："我必须小心我的盲点，但我能应付。"

我在他的脸上看不到一丝痛苦和愤怒，这是常人难以做到的。他一直说："我能活下来就已经很幸运了。"我问他是否允许我把他的故事写进这本书。

他说："没问题，如果你真的那么做，我会很高兴。"

现在，已经有无数的事实向我们证明：

这个世界需要一场清单革命！

THE
CHECKLIST
MANIFESTO
HOW TO GET THINGS RIGHT

|译者后记|

我是一个不折不扣的飞行迷。虽然买不起私人飞机，也买不起波音的专业模拟器，但至少买得起高配置电脑和"微软飞行模拟"（Microsoft Flight Simulator）这套全球发行量最大的家用飞行模拟软件。你可别小瞧了它，美国的很多飞行学校就用它进行教学，很多专业飞行员在家里的时候也会用它来熟悉和复习操作程序。就连本·拉登等恐怖分子都用它来训练自杀式袭击者撞击世贸中心。

我在模拟飞行世界里算得上是一名经验丰富的老飞行员了。所以，当接到这本书的翻译任务时，我的内心既兴奋又纳闷。兴奋的是终于能够翻译一本与飞行有关的畅销书了，纳闷的是一个外科医生怎么会和飞行清单扯上关系呢？

通读全书我才知道，原来作者阿图·葛文德想借用这种简单而实用的方法来应付超级复杂的问题和情况。有趣的是，书中提到的299型轰炸机试飞员因为没有给操控面解锁而造成飞机坠毁的情况，我在模拟程序里也发生过，而且不止一次。我的不良飞行记录还包括因操作不当导致发动机起火，甚至还在降落的时候忘记放下起落架，意外地进行了完美的机腹迫降。幸好我驾驶的不是真飞机！

之所以会发生这一系列愚蠢的错误，真的是因为现在的飞机太复杂了，而且我痛恨使用清单。要知道，它们真的有几百页厚。一些公司，如 PMDG 和 Level-D 利用这一平台制作非常专业的飞机插件，如 MD-11、波音 737、波音 767 等。每一型模拟飞机的系统介绍和操作手册都有 600~700 页，光是各类清单就有 200~300 页，看得我头都大了。说实话，我没钱也没工夫把它们都打印出来。即便是打印出来的那几张"常用清单"，在飞行的时候也懒得看，因为我觉得自己很熟悉各种操作，不会出事。但事实证明，离开了它们，我已经在模拟飞行世界里闯下很多大祸了。

我知道清单很有用。如果我真的是飞行员，一定不会抛弃它，但我不知道它竟然还能在那么多行业里发挥作用。我觉得推动清单使用的无非是两种力量。

第一种是外在压力。比如，虽然航空事故的总体发生率和伤亡率很低，但单起事故造成的人员和财物损失很大，而且事故不论大小，哪怕是单引擎小飞机坠毁，全球各家媒体都会竞相报道，产生的负面影响极大，容不得飞行员犯错。

第二种就是内在驱动力。即阿图·葛文德提到的职业精神。他曾因为自己不慎弄破病人的下腔静脉造成大出血而向病人诚恳道歉。说实话，这起事故在手术的正常风险范围内，换个医德不高的医生，说不定还会向病人和家属邀功，吹嘘自己挽救了病人的生命。如果作者少了这份职业道德，我很难想象他会费尽心思、不辞辛劳地搞什么新发明。他已经是一名非常优秀的外科医生了，要是真的想混

日子那是易如反掌。所以，我对他的这份真诚和责任心感到由衷的钦佩。总之，这是一本充满了智慧和感动的好书，不容错过。

最后，我还要感谢在本书翻译过程中给予我大力支持的朋友。陈晋、王军和王佩幸不仅承担了部分章节的翻译工作，而且还让我以非常愉悦的心情进行翻译。此外，尹洪波和贺皖琍也在资料查阅和收集过程中给了我很大帮助，在此一并表示衷心的感谢！

王佳艺

湛庐CHEERS

未来，属于终身学习者

我这辈子遇到的聪明人（来自各行各业的聪明人）没有不每天阅读的——没有，一个都没有。巴菲特读书之多，我读书之多，可能会让你感到吃惊。孩子们都笑话我。他们觉得我是一本长了两条腿的书。

——查理·芒格

互联网改变了信息连接的方式；指数型技术在迅速颠覆着现有的商业世界；人工智能已经开始抢占人类的工作岗位……

未来，到底需要什么样的人才？

改变命运唯一的策略是你要变成终身学习者。未来世界将不再需要单一的技能型人才，而是需要具备完善的知识结构、极强逻辑思考力和高感知力的复合型人才。优秀的人往往通过阅读建立足够强大的抽象思维能力，获得异于众人的思考和整合能力。未来，将属于终身学习者！而阅读必定和终身学习形影不离。

很多人读书，追求的是干货，寻求的是立刻行之有效的解决方案。其实这是一种留在舒适区的阅读方法。在这个充满不确定性的年代，答案不会简单地出现在书里，因为生活根本就没有标准确切的答案，你也不能期望过去的经验能解决未来的问题。

湛庐阅读APP：与最聪明的人共同进化

有人常常把成本支出的焦点放在书价上，把读完一本书当作阅读的终结。其实不然。

> 时间是读者付出的最大阅读成本
> 怎么读是读者面临的最大阅读障碍
> "读书破万卷"不仅仅在"万"，更重要的是在"破"！

现在，我们构建了全新的"湛庐阅读"APP。它将成为你"破万卷"的新居所。在这里：

- 不用考虑读什么，你可以便捷找到纸书、有声书和各种声音产品；
- 你可以学会怎么读，你将发现集泛读、通读、精读于一体的阅读解决方案；
- 你会与作者、译者、专家、推荐人和阅读教练相遇，他们是优质思想的发源地；
- 你会与优秀的读者和终身学习者为伍，他们对阅读和学习有着持久的热情和源源不绝的内驱力。

从单一到复合，从知道到精通，从理解到创造，湛庐希望建立一个"与最聪明的人共同进化"的社区，成为人类先进思想交汇的聚集地，与你共同迎接未来。

与此同时，我们希望能够重新定义你的学习场景，让你随时随地收获有内容、有价值的思想，通过阅读实现终身学习。这是我们的使命和价值。

湛庐 CHEERS

湛庐阅读APP玩转指南

湛庐阅读APP结构图：

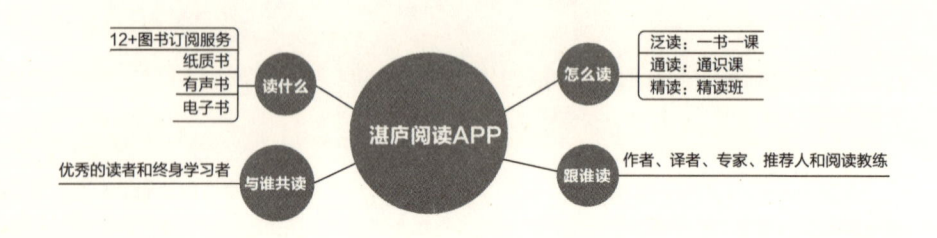

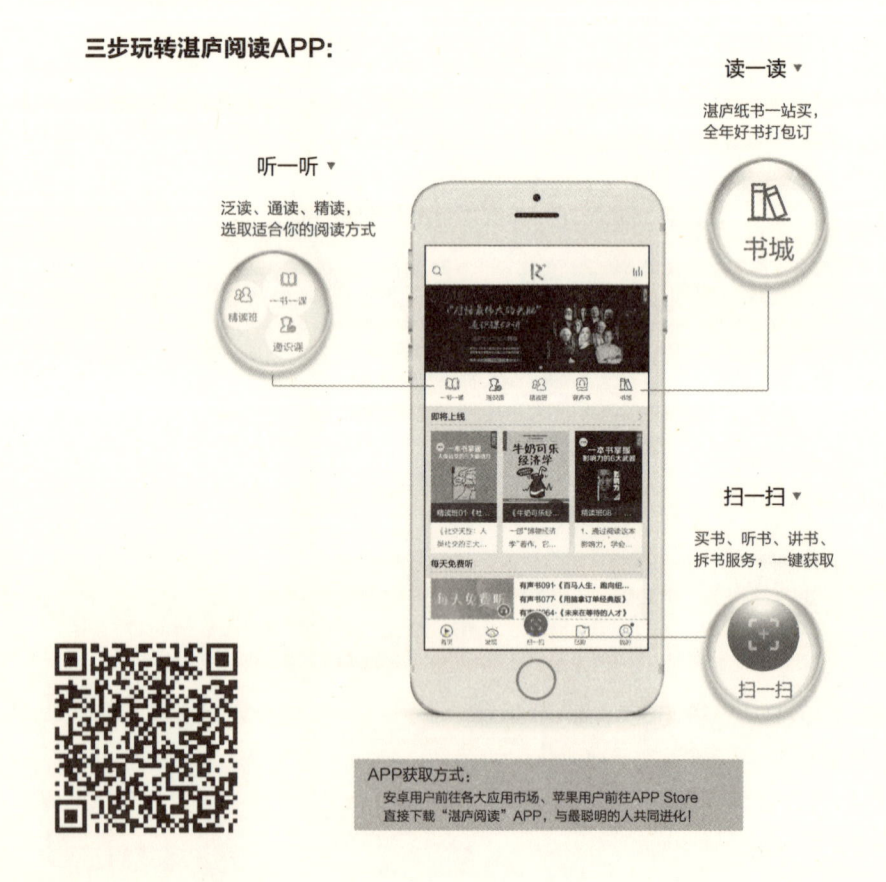

- 读什么
  - 12+图书订阅服务
  - 纸质书
  - 有声书
  - 电子书
- 怎么读
  - 泛读：一书一课
  - 通读：通识课
  - 精读：精读班
- 与谁共读：优秀的读者和终身学习者
- 跟谁读：作者、译者、专家、推荐人和阅读教练

三步玩转湛庐阅读APP：

听一听 ▼
泛读、通读、精读，选取适合你的阅读方式

读一读 ▼
湛庐纸书一站买，全年好书打包订
书城

扫一扫 ▼
买书、听书、讲书、拆书服务，一键获取
扫一扫

APP获取方式：
安卓用户前往各大应用市场、苹果用户前往APP Store
直接下载"湛庐阅读"APP，与最聪明的人共同进化！

湛庐CHEERS

使用APP扫一扫功能，
遇见书里书外更大的世界！

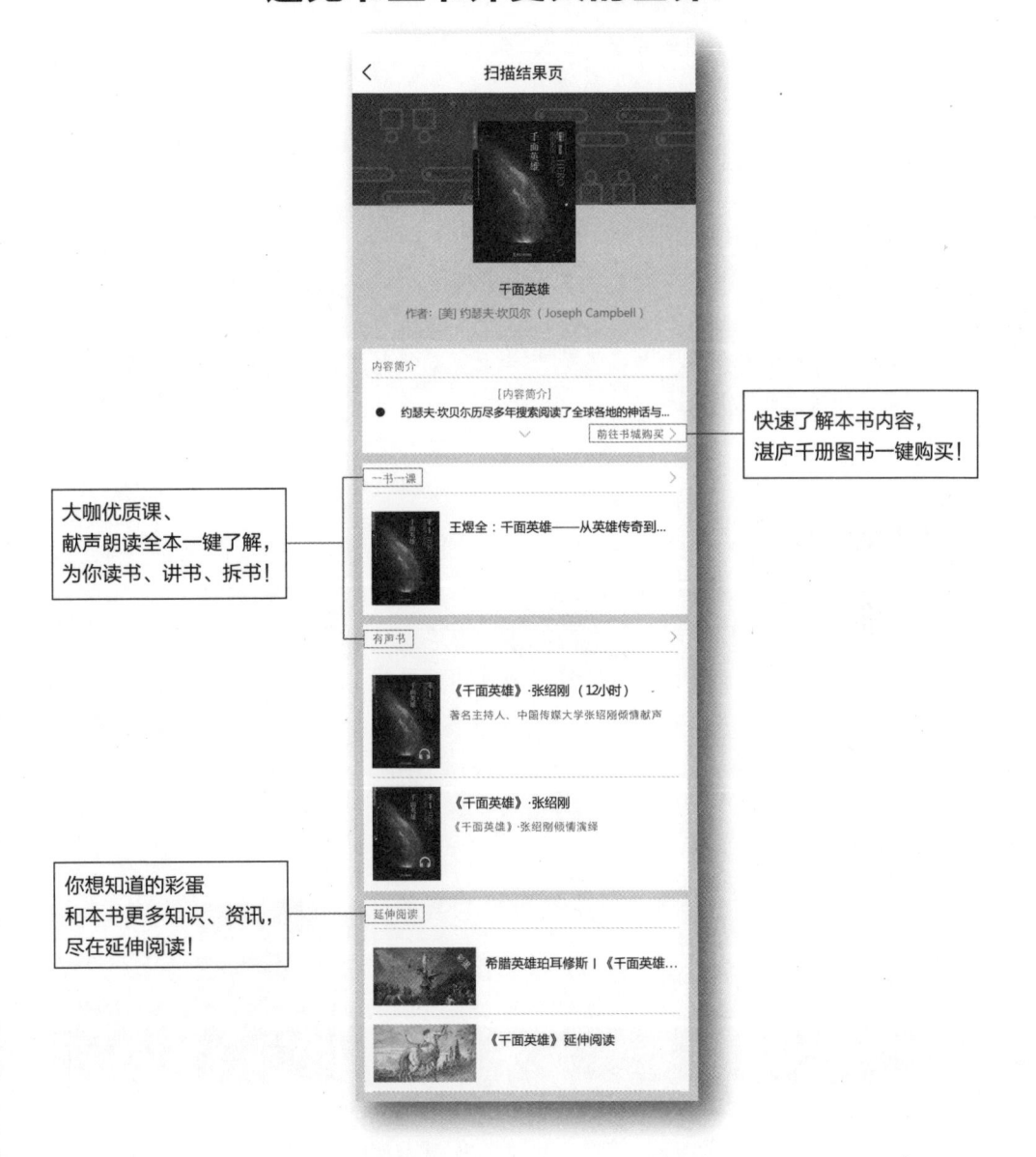

大咖优质课、
献声朗读全本一键了解，
为你读书、讲书、拆书！

快速了解本书内容，
湛庐千册图书一键购买！

你想知道的彩蛋
和本书更多知识、资讯，
尽在延伸阅读！

湛庐CHEERS

延伸阅读

《最好的告别》
◎ 亚马逊年度好书、《纽约时报》畅销书。
◎ "全球十大思想家"、美国著名外科医生划时代之作。
◎ 奥巴马、李开复、余华、刘瑜、苗炜力荐。

《医生的修炼》
◎ 亚马逊年度十大好书,超过100个国家和地区引进出版。
◎ 《展望》杂志年度"全球十大思想家"、麦克阿瑟奖获得者葛文德医生成名作。

《医生的精进》
◎ 最好的医学散文,美国国家图书奖决选作品,《纽约时报》畅销书。
◎ 《展望》杂志年度"全球十大思想家"、麦克阿瑟奖获得者葛文德医生智慧之作。

《最高职责》
◎ 英雄机长奇迹迫降哈得孙河,《萨利机长》电影原著。
◎ 飞行员出身的民航总局局长杨元元倾情翻译。
◎ 中国外文局副局长、总编辑兼中国互联网新闻中心主任,国际翻译家联盟第一副主席黄友义倾情审校。

The Checklist Manifesto: How to Get Things Right by Atul Gawande

Copyright © 2009 by Atul Gawande

All rights reserved including the rights of reproduction in whole or in part in any form.

本书中文简体字版由作者授权在中华人民共和国境内独家出版发行。未经出版者书面许可，不得以任何方式抄袭、复制或节录本书中的任何部分。

版权所有，侵权必究。

图书在版编目（CIP）数据

清单革命：经典版 /（美）阿图·葛文德著；王佳艺译. —北京：北京联合出版公司，2017.10
ISBN 978-7-5596-1073-7

Ⅰ.①清… Ⅱ.①阿… ②王… Ⅲ.①企业管理 Ⅳ.①F272

中国版本图书馆CIP数据核字（2017）第248422号
著作权合同登记号
图字：01-2017-7198

上架指导：管理 / 畅销书

版权所有，侵权必究
本书法律顾问　北京市盈科律师事务所　崔爽律师
　　　　　　　　　　　　　　　　　　张雅琴律师

清单革命

作　　者：[美]阿图·葛文德
译　　者：王佳艺
选题策划：湛庐文化
责任编辑：管　文
封面设计：湛庐文化
版式设计：湛庐文化

北京联合出版公司出版
（北京市西城区德外大街83号楼9层　100088）
石家庄继文印刷有限公司　新华书店经销
字数153千字　720毫米×965毫米　1/16　15.5印张　3插页
2017年10月第1版　2020年7月第13次印刷
ISBN 978-7-5596-1073-7
定价：59.90元

未经许可，不得以任何方式复制或抄袭本书部分或全部内容
版权所有，侵权必究
本书若有质量问题，请与本公司图书销售中心联系调换。电话：010-56676356